仕事も人生もスーッと整う

幸せになる練習。

前野マドカ

すばる舎

仕事はけっこう好き。
毎日頑張ってるつもり。
そのはずなんだけど……

この会社にいて、
私、ちゃんと
成長できるのかな？

満員電車、
朝晩乗るだけで
超ストレス!!

休日なのに、
仕事のことで、
頭がいっぱい。

結局、
仕事も、育児も、
中途半端……。

「どうしてだろう。
頑張ってるのに、私、ぜんぜん幸せじゃない!?」

そんなときこそ、
凝り固まった思考をほぐして、
「幸せ体質」に変わる73の行動リスト。

毎日少しずつ、やればやるほど、

心も体も、そして周囲の人とのつながりも、
「良い状態（ウェルビーイング）」に整うヒントをご紹介していきます。

はじめに

「幸せにはたらく」ってどういうこと？

はたらくことがあたりまえの時代

本書をお手に取っていただき、ありがとうございます。幸福学について研究している前野マドカです。

これまで「なんとなく」で語られてきた「幸福」という分野について、理論や研究を用いて科学的に実証する学問とその実践に取り組んでいます。

普段は、企業や自治体などの講演やセミナー、ワークショップなどを通して、そこで働く人たちの「ウェルビーイング＝幸せ」を高めるためのお手伝いをさせていただいています。

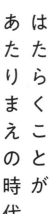

最近、多くの企業の方とお会いしていて思うのは、今は本当に多くの女性がいきいきと働く時代になったな、ということ。

若い方から中堅のリーダー、経営者まで、さまざまな分野でお会いしています。統計からも明らかで、たとえば、2022年に厚生労働省が発表した「令和4年版働く女性の実情」によると、働く女性の数は過去最高です。さらに、育児や介護、家庭の運営などで忙しいであろう30代後半の女性ですら、約8割が何かしらの仕事に就いていることがわかっています。

それだけ女性も働きやすい制度が整っている、ということなのかもしれません。仕事と家庭の両立や、職場の人間関係、待遇、キャリアなど、働いているがゆえの悩みもありますが、それでも私たちの選択肢が広がったことは大いに喜ぶべきことですね。

かく言う私自身も、60年弱の人生の中で、育児や退職、キャリア再構築、乳がん、介護を経験してきました。幸福学に助けられながら、後悔のない毎日を送るための模索を続けている最中です。

働いて、産んで、育てる。私たちのリアル

「働くこと」「配偶者を持つこと」「子供を持つこと」。何を幸せと感じるのかは人それぞれです。自分がどうしたいか、そして、そのうえで、どんなふうに生きるかは、自分自身で決めればそれでいいはずですよね。

ところが、働く女性がマジョリティになりつつある今、「仕事・家事・育児、すべてがきちんとできて当たり前」。そんな空気が蔓延しつつあるようにも感じるのです。

フルタイムで働いて、当たり前。
夫をサポートして、当たり前。
専業主婦並みの家事ができて当たり前。
子供ぐらい、産んで当たり前。

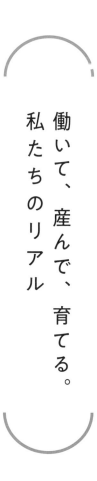

産休・育休中は、自己研鑽に励んで当たり前。

いつまでも綺麗な女性でいて、当たり前。

時短勤務なんだから、効率良く仕事して当たり前。

子供は、立派に育ててあげて、当たり前。


なんだかずいぶん息苦しいですよね。真面目な人ほど、あれもこれもと頑張りすぎてしまい、かえってつらくなってしまうのではないでしょうか。

ある調査では、働いている人のうち、幸福度が最も低いのは「働きながら子供を育てる女性」であることがわかっています。

それだけ、私たち女性は、仕事と家庭を両立することに苦戦している、ということ。本来、幸せになるために「働いて子供も産んで」という選択をしたはずなのに、あまり幸せを感じられなくなっているのです。

だからこそ重要なのは、「ウェルビーイング＝幸せ」でいられる方法を意識的に学んでいくこと。自分の選択に自信を持ち、納得のいくやり方を見つけて、行動していくこと。そんなふうに私は考えています。

あなたの今の「幸せ度」をチェック

あなたは今、客観的に見て「幸せ」ですか。そんなことを言われて「ハイ」と即答できる人のほうが、実は少ないかもしれません。

幸せかどうかをチェックする際に役立つのが、アメリカの心理学者エド・ディーナー博士が作成した「人生満足度尺度」です。自分の人生に対する評価や感情を5つの側面から考えるもので、個人の幸福度が客観的に把握できるとされています。

試しに、まずは今のあなたの幸福度について、チェックしてみてください。

人生満足度尺度のテスト

以下の質問に対して、それぞれあてはまる数字を記載してください。数字は1から7までで、1が「まったく同意しない」、7が「強く同意する」を意味します。すべての質問に答えたあと、数字を合計してください。

A	ほとんどの面で、私の人生は私の理想に近い	点
B	私の人生は、とても素晴らしい状態だ	点
C	私は自分の人生に満足している	点
D	私はこれまで、自分の人生に求める大切なものを得てきた	点
E	もう一度人生をやり直せるとしても、ほとんど何も変えないだろう	点

1	2	3	4	5	6	7（点）
まったくあてはまらない	ほとんどあてはまらない	あまりあてはまらない	どちらとも言えない	少しあてはまる	だいたいあてはまる	非常によくあてはまる

35点満点のこのテスト、日本人がつけた点数で最も多いのは、真ん中よりも少し上程度の「20〜24点」(2012年時点)。また、日本人の平均は18・9です。

皆さんが次のテストを試したときに、18・9よりも高ければ、平均よりも幸福を感じていることになります。

とはいえ、これより低かった人も、平均より「不幸」だと決まったわけではありません。自分がまだ見つけていない幸せを、これから発見していけるのだと考えてください。

はたらく私たちの「ウェルビーイング＝幸せ」とは？

さて、ここまで仕事と家庭の両立という面から「ウェルビーイング＝幸せ」について考えてきましたが、この言葉、働く私たちの日常にあてはめてみると、どんな状態を意味しているのでしょうか。

たとえば、仕事もプライベートもまったくうまくいかない人が、やけ食いしているところを考えてみましょう。ちょっとしんどそうな状態ですが、本人は、食べているときだけは「自分はハッピーだ」と感じているかもしれません。この「幸せ」の感情が嘘かと言われると、けっして嘘とは言えませんよね。

でも、多くの人が「幸せな人」という言葉からイメージするのは、やけ食いをしている人ではありません。そうではなく、心も体も大きなトラブルがなく、周囲に頼れる人がいる（社会的なつながりを持っている）、といった状態の人ではないでしょうか。

このように、心と体、人とのつながりが「良い状態」にあることを、幸福学では「ウェルビーイング」と呼んでいます。一時的な快楽や、幸運を指すのではなく、人生において長期にわたって持続するような幸せのことです。

たとえば、

家族や職場の同僚・上司へのイライラやモヤモヤがないこと。
将来に不安がなく、日々を後悔せずに過ごせていること。
職場のチームメンバーを信頼できていること。
体に大きなトラブルを抱えていないこと。
会社で、自分にしかできない仕事があること。
会社以外にも、つながれる人がいること。

心、体、社会に関わるすべてが満たされていると感じているとき、私たちは「ウェルビーイングな状態」にあると言えるでしょう。

幸せな人は仕事のパフォーマンスも高い

近年では、企業のマネジメントにおいても、従業員のウェルビーイングが達成目標の一つになっています。

ハーバード大学やペンシルベニア大学をはじめ、多くの名門大学で研究が進められた結果、今ではＧＡＦＡをはじめとする多くの優れた企業が、ウェルビーイング経営を取り入れています。というのも、これらの複数の研究から、幸福度の高い人には以下のような傾向があることがわかっているからです。

・創造性テストの得点が高い

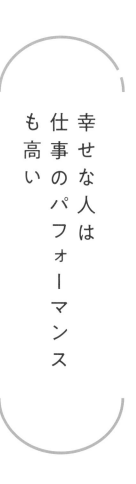

・上司からの評価が高い
・信頼できる友人や同僚の数が多い
・他の従業員を守り、生産的な提案をし、自分の能力を向上させる
・離職率が低く、会社への報復行動をしにくく、仕事で燃え尽きにくい
・欠勤しにくい
・時間や努力のコストを度外視せず、最適で満足度の高い意思決定をする

これらは多くの人が経験的にも納得のいく結果だと思いますが、それが近年科学的に裏づけられてきたわけです。

こうしてみると、幸福度の高い人のほうが、会社にとって有益な人材であることは明らかですね。実際、幸福度の高い社員の創造性は、そうでない社員の3倍高く、生産性は31パーセント、売上も37パーセント高いことがわかっています。

このような結果を踏まえ、日本の企業も、社員のウェルビーイングを高めることを重視し始めています。

たとえば、トヨタ、京セラ、積水ハウス、清水建設、ＰＯＬＡといった企業が、社員のウェルビーイングや幸福度を積極的に高めることを宣言しています。社員のウェルビーイング向上のために、ＣＷＯ（Chief Wellbeing Officer）やＣＨＯ（Chief

Happiness Officer）という役職を置いている企業もあります。

終身雇用制度が過去のものになってから久しい日本社会。人手不足もあり、企業は優秀な人材の離職を防ぐために必死です。せっかくイチから育てた社員が、他の企業に奪われてしまい「痛い目を見る」ことを防ぐためには、高い給料だけでなく、従業員のウェルビーイングを後押しし、一人ひとりの力を最大限に引き出す「人的資本経営」が欠かせないのです。

ビジネスの領域だけではありません。２０２３年10月の国会では、岸田内閣総理大臣が「ウェルビーイング」を拡げることの重要性を所信表明しました。

これからの時代、私たち一人ひとりのやる気や希望、幸福度を高めるウェルビーイングは行政や教育などの分野でも、ますます注目されるキーワードになっていくでしょう。

「幸せ体質」をつくるのは、毎日のほんの小さな行動

「でも、うちの会社でウェルビーイングなんて、聞いたことない」「ずっと先の話になりそう」なんて思う人もいるかもしれません。

しかし、重要なのは「会社が何をしてくれるか」ではなく「自分がどう働きたいか」です。してくれるのを待つのではなく、自分主体でどうしたいかを考え、できるところから行動に移してみてください。人生は待ったなしです。あなたの人生の幸福度は、あなた自身でどんどん高めていけばいいのです。

そして、幸せに働くための思考、行動、習慣は、あなた次第で、いくらでもつくれます。実のところ、どんな環境でも「幸せ体質」をつくっていける一番シンプル

な方法は、誰でもすぐに始められる小さなワークやアクションなのです。

ある年配の方が私の講座を受けにいらっしゃいました。その方は普段から愚痴っぽくネガティブ。家族と長年の確執があり、仕事でもいろいろ悩まれていました。周囲のアドバイスには耳を貸さず、心をすっかり閉ざしてしまっている状態です。

そんなとき、「毎日、自分への感謝を1行ノートに書き留める」というワークを私はおすすめしてみました。書き留めるのは、「今日も出勤した自分にありがとう」「○○さんの業務をサポートした自分にありがとう」のような本当に些細なことです。始めてみたものの、当初は半信半疑。ネガティブオーラも相変わらずでした。

ところが、ワークを始めて３０３日後、その方の心についに変化が訪れたのです。

一日に一度、自分の良い点、ポジティブな面を意識し続けることで、ようやく自分を自然な形で受け入れられるようになったのでしょう。いい意味で力が抜け、会社では頼りにされるようになり、家族との確執も解消。パートナーからも「表情が変わった」と涙ながらに心から喜んでもらえたそうです。

このように、自分を変えるには、頭でっかちに難しく考えたり、心で納得のいかない無理や我慢をしたりするのではなく、日々のほんの「小さな行動」に着目することでうまくいくのです。肩の力をフッと抜いて、ラクに楽しく、続けるのがコツです。

次章以降では、こんなふうに、ウェルビーイングな体質をつくっていくためにおすすめの小さな行動や思考73のリストを「WORK（仕事）」「LEARN（学び）」「MIND（心）」「RESET（リセット）」「BODY（体）」「LIFE（生き方）」「DREAM（夢）」という7つのテーマに沿ってご紹介していきます。

一つひとつは、本当に小さな事柄ですが、幸福学やポジティブ心理学などの研究が裏付けになっているものが中心です。気になったものから、気軽に試してみて、ぜひ自分にピッタリのものを見つけていってください。

あなたのウェルビーイングを高める一歩を踏み出すために本書が役に立てば、これに勝る喜びはありません。

仕事も人生もスーッと整う　幸せになる練習。ウェルビーイング73の行動リスト

目次

2 LEARN 学びでワクワクする。

3 MIND 心をヘルシーに保つ。

6 LIFE 生き方をデザインする。

7 DREAM 叶えたい夢を叶える。

1

WORK

仕事で
幸せになる。

ウェルビーイングなキャリアをつくる

働く私たちにとって、毎日の仕事にワクワク取り組めているかどうかは、ウェルビーイングに大きく影響を与えます。

そのためにも役立つシンプルな目安が、「幸せの4つの因子」です。幸福学の調査・研究からわかってきたことで、毎日の仕事やプライベートが、この4つの因子で満たされていればいるほど、幸福度が高まるとされています。順に見ていくと、

1つ目の因子は「やってみよう」因子です。挑戦する心ですね。目の前の課題やその先の目標や理想に向かって「やってみたい」と思える状態のことです。成長や自己実現につながっていきます。

2つ目は「ありがとう」因子。感謝する心をいいます。誰かにしてもらったこと

に気づいて「ありがたい」と思える状態のことです。周囲とのつながりを実感することで、他者に対して喜びを与えることにもつながっていきます。

3つ目は「なんとかなる」因子。楽観的な心のことです。うまくいかないことがあっても「大変そうだけど、なんとかなりそう」「失敗したけど、まあいいか」と思える状態のこと。苦も楽もある人生を前向きに乗り切っていくためには欠かせないあり方です。

4つ目は「ありのままに」因子。自分らしくある心のことです。周囲に流されずに「人は人。自分は自分」と思える状態のこと。自分と他人を比べすぎず、他人の評価によって右往左往しない、確固たるアイデンティティを持っているかどうかがカギになります。

仕事は、私たちが多くの時間とエネルギーを注ぎ込む、人生の基盤です。多くの喜びを得ていくためにも、自分らしさを忘れず前向きに、ときには周囲の力も借りて、難しい問題にも取り組んで解決していく。そんな姿勢を大切にしたいですね。

まさに、「やってみよう」「ありがとう」「なんとかなる」「ありのままに」です。

WORK

01

毎日の仕事にときめきを持つ

どんな役割がある？
どんな意味がある？
ポジティブに
とらえ直す習慣を。

「……最近なんだかつまらない」「この仕事、ずっとやってて意味あるのかな」。

仕事はできるだけ効率的に、スムーズにこなす。私たちの誰もがそれを求められ、それに答えるべく日々働いています。そういう意味では、どんな仕事も慣れて、ルーティンに変化していくのが自然でしょう。初めてその仕事を前にした緊張感や、難しい仕事をやり遂げた達成感はどこへやら、と

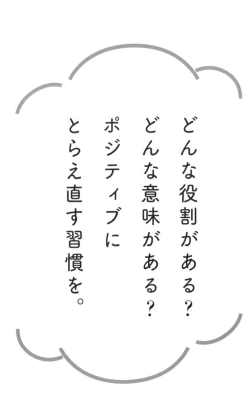

いう人も多いはず。誰もがうらやむような、一見華やかな仕事をしている人でも基本的には同じです。

「ジョブ・クラフティング」という言葉を聞いたことはあるでしょうか。これは、仕事をただ「与えられたもの」「こなすもの」ではなく、「何かしら意味のあるもの」「成長につながるもの」として自分なりにとらえ直すことをいいます。

「今いるチームや部署、会社、社会にとって、自分の仕事にはどんな意味がある？」そして、「自分にとってそれは、どんな意義ややりがいがある？」。

目の前の仕事に意義を感じ、楽しみながら取り組んでいくために、欠かせない視点です。

WORK

02

自分の「強み」を探す

一番じゃなくても、

「これは得意」

「やってみたい」

ならなんでもOK。

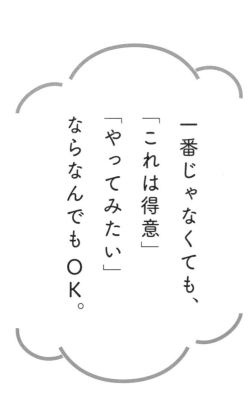

キャリアを考えるときに必ず問われる「あなたの強みは？」という質問。自分に強みなんてない、と困っている人も少なくないはず。

とはいえ「強み」は、必ずしも周囲に褒められる資質や、目立つスキルだけしか挙げられない、というわけではありません。

強みは他人からの評価ではなく、自分自身の感覚で見つけるもの。「やってみよう」と思えること、心がワクワクすることは、す

べて「強み」です。たとえ、チームで一番でなくても、部署で一番でなくても、あなたが強みだと思うなら、堂々と宣言してしまってよいのです。

極端に言えば、楽しめるなら下手でもOK。それどころか、一度も挑戦したことがなくても、やってみたいと思えるならパーフェクト。「ワクワクの芽」は、あなたの働く幸せをつくるヒントです。

どうしても、強みが見つからない、という人は、ウェブ診断を受けてみるのもおすすめです。

自分の強みが見つかったら、ぜひそれを活かせる業務を見つけてチャレンジしてみてください。どんどん成長できるはずです。

ペンシルベニア大学　https://www.authentichappiness.sas.upenn.edu/ja/testcenter
ギャラップ社　https://www.gallup.com/cliftonstrengths/ja/253634/%E3%83%9B%E3%83%BC%E3%83%A0.aspx

WORK

03

残業や持ち帰り仕事に甘えない

仕事にとことん時間を使えるのは、若いうちだけ!!

「仕事が好き」「早く成長したい」。そんな人は、つい残業をしたり、家に仕事を持ち帰ったりしてしまいがち。やればやるだけ成果もあがるので、一見問題なさそうですが、これは長い目で見ると必ずしもよいこととは言えないのです。

私たちが仕事中心の生活を送れる時期は限られています。出産、育児、介護などが始まれば、それまでより短い時間で成果を出さなくてはなりません。日頃から生産

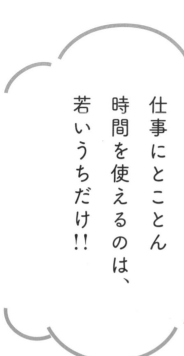

性の高い働き方を意識していないと、いざというとき困ったことになるのです。

そもそも限られた1日24時間のすべてを仕事に使っていたら、湧いてくるアイデアもどんどん貧弱なってしまいますよね。

どうしても休むのが怖い、と思う人。その気持ち、わかります！

そんなときは、ぜひ「期間限定チャレンジ」を取り入れてください。たとえば、「次に仕事が落ち着いたタイミングで」「3日間だけの期間限定で」、定時で帰ることにチャレンジです。4日目以降は普段通りに戻したとしても大丈夫。時間当たりの生産性を上げる働き方にシフトしていきましょう。

WORK

04

ときには難しい仕事にチャレンジ

「やってみよう」「なんとかなる」と思えるなら挑戦してみて正解。

仕事でしんどい思いをするのは、誰だって嫌なもの。でも、慣れた仕事ばかりを続けていれば、成長は止まってしまいます。

ときにはハードな仕事に挑戦してみることで、今まで想像もつかなかったような新しい視点や知見が一気に身につきます。

ただし、挑戦しがいのある仕事にチャレンジするときは、2つのポイントに気をつけてください。

1つ目は、心身ともに余裕のあ

るタイミングを見定めること。ゆとりがない状態で大変な仕事に取り組むと、いつもより失敗する可能性が高まります。

2つ目は、ちょうどいい難しさの課題に挑戦すること。今の環境や実力にまったく見合っていない、ハードすぎる仕事では、心身ともに疲れきってしまいます。

仕事を受けるかどうかの見極め方は、その仕事にチャレンジすることを考えたとき、不安や恐れを感じるのではなく、ワクワクして、「なんとかなる！」と思えるかどうか。日々の業務に、新しいことをプラスワンする程度の挑戦だと、成長と達成感をベストの配分で味わえそうです。

WORK

05

フロー状態で夢中になって取り組む

得意な仕事はもちろん、苦手な仕事も、スイスイ進む♪

作業に没頭しきっていて、気づいたら時間があっという間に過ぎていた経験、ありませんか。

この状態は「フロー」と呼ばれています。仕事がつまらない、退屈だ、と思っている状況とは、まさに対極。仕事中、ずっとフロー状態でいたいと思う人も多いことでしょう。

フロー状態に入るために必要なのは、作業の意味や目標、そしてちょうどいい難易度。つまり、や

るべきことが明確で、やる意義のあるタスクを、やりこなせている、という感覚があるかどうかです。好きな作業だとフロー状態に入りやすいのは、この条件を満たしやすいからです。

では、苦手な作業、意味の見出しづらい作業は嫌々やるしかないのか……というと、そうではありません。作業の意味は、私たちの受け取り方次第で変わるからです。

たとえば、そのタスクに対して「○○大作戦」と名前をつけてみるのはどうでしょう。怪獣退治のように、退治することそのものに意味をつくってしまうのです。タスクをスムーズにこなすコンディションづくりも仕事のうちです。

WORK

06

チームで助け合う

困ったときは、お互いさま。協力の輪を広げて、働きやすい職場に。

仕事をしていると、同僚や上司、部下がピンチに陥っていることに気づく瞬間もあるでしょう。「これ以上自分が大変になるのは困る」「自分の業務には関係ない」「余計なお節介と思われたら損」などと考え、サポートをためらうこともあるのではないでしょうか。

それでも、私はやはりサポートすることをおすすめします。なぜなら、誰かをサポートし、チームに貢献することは、回り回って自分

の働きやすさにつながるからです。

メンバー同士でサポートやフォローし合える関係性が確立しているチームとそうでないチーム。安心して働けるのはどちらかと問われれば、後者ですね。心理的安全性が高まれば、協力も進み、チームの成果も上がります。たとえ今はそうでなくても、「働きやすいチーム」をあなた自身が少しずつつくっていけばいいのです。

職場は、人生のうちかなりの時間を過ごす場所。ポジティブなパワーは次第にチーム全体に伝染していきます。自分自身が居心地がいいと思える場所につくり変えていくことが、ウェルビーイングへの近道です。

WORK

07

リーダーを引き受けてみる

一人で頑張らなくていい。
メンバーの力を引き出すのが、
リーダーの仕事。

リーダー職を任されそうになると尻込みしてしまう人は多いもの。「自分では力不足かも」「能力がないと評価されたら」「家庭と両立できなくなりそう」と不安に思う気持ちはわかります。

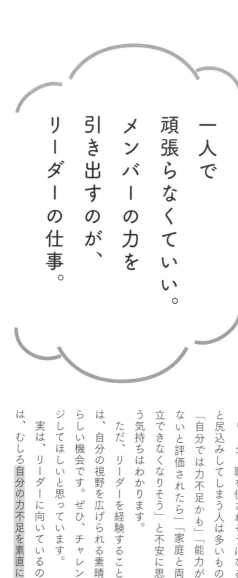

ただ、リーダーを経験することは、自分の視野を広げられる素晴らしい機会です。ぜひ、チャレンジしてほしいと思っています。

実は、リーダーに向いているのは、むしろ自分の力不足を素直に

感じられる人。というのも、リーダーは、ただ業務を高いレベルでこなせるだけでは到底務まらないものだからです。

チームメンバーのよさを認め、関係性を築きながら、それぞれのメンバーが持つポテンシャルを最大限に活かすことで初めて、大きな成果が出せるチームがつくれるのです。

みんなの力を引き出すために必要なのは、「一人でなんでもできるリーダー」ではなく、むしろ、「一人では何もできないことをわかっているリーダー」。

「自分では力不足」と思ってしまうあなただからこそ、リーダーになってみるべきなのです。

WORK

08

頼れるメンターを見つけよう

親身になって
聞いてくれる、
助言してくれる、
心強い味方。

仕事やキャリアについて悩みや不安があるとき、相談できるメンターの存在は大きな助けになります。

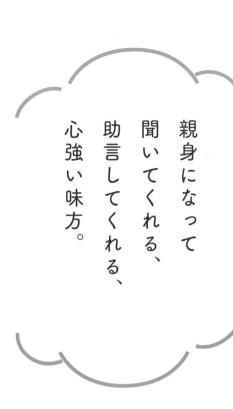

「あなたはどう思うの?」と、気づきを促してくれるコーチングもありがたいですが、もっと気持ちを受け止めてくれて、ときには具体的なアドバイスもくれるメンターがいると心強いですよね。

メンターを探すときのポイントは、必ずしもあなたと近しい属性やキャリアの持ち主でなくてもか

まわない、ということ。人は誰しも、他の人とまったく同じキャリアを歩むことはできません。もしも、その先人のアドバイスの通りに行動して、同じような結果が得られなかったら、かえってガックリきてしまうと思いませんか。

悩みや不安があるときに必要なのは、親身になって寄り添ってくれる人です。まずはあなたのありのままを認めて、話を聞いてくれる人。そして、必要に応じて自分の経験をシェアしてくれたり、率直なアドバイスをくれる人です。

メンターは複数いても、もちろんOK。「頼れるメンターズ」をつくって、困ったときは存分に頼りましょう。

WORK

09

年に一度はキャリアの棚卸しを

今の仕事が
うまくいっていても、
いっていなくても、
振り返りを忘れずに。

日常の業務に追われていると、どうしても、自分のキャリアを振り返る機会を失いがちです。

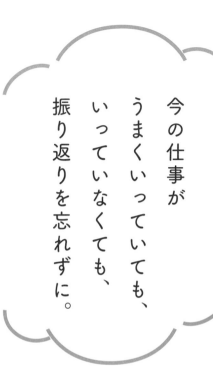

だからこそ、年に一度は自分がどんなふうに成長したのか、これからどんなふうに成長していきたいのかを考える時間をとりましょう。

手軽なのが、転職サイトへの登録と、サイト上での職務経歴書の作成です。実際に転職をするかどうかはともかく、もしも自分が今、企業の採用面接を受けるとしたら、

と考えて作成していきます。

「この一年の業務で新しく経験したこと」、「スキル」や「資格」、「これからしてみたいこと」……。あなた自身のキャリアを見つめ直すきっかけになるはずです。

ポジティブなことだけでなく、しんどかったこと、うまくいかなかったことも、ぜひ振り返ってみてください。「ここから学べることは？」ととらえると、「こんなこともやり抜いた」「次はこうしてみよう」など、多くの気づきを得られます。

もちろん、年に一度と言わず、仕事がひと段落したらその都度、情報更新するのもOK。お気に入りのノートに書き留めてみるのもいいですね。

WORK 10

異動や転職で幸せになる

ガマンして踏みとどまるよりまずは小さな一歩を踏み出してみる。

働き方改革の推進やコロナパンデミックの影響で、一気に進んだかに見える柔軟な働き方。とはいえ、まだまだ会社によって、大きく違うのも事実です。

フレックスやテレワーク、豊富な休日、勉強のための出費負担、時短勤務、充実した福利厚生、ワークライフバランスの重視……。充実した数々の制度、うらやましさにため息が出てしまう人、少なくないのではないでしょうか。

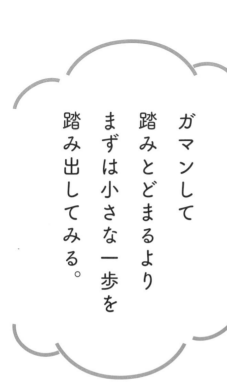

もしも今あなたが「こんな職場ではつらい。働きにくい」と思っているなら、ぜひ、異動や転職を頭の片隅に入れておきましょう。これは、正社員なのか契約社員なのかといった雇用形態や、職位や給与についても同じです。

「転職なんて、できるわけない」「これより悪い環境はいくらでもある」。そんなふうに考えて、二の足を踏む人もいるかもしれません。でも、今いる職場では「やって当たり前」の業務が、他の職場では「そんなこともできるの!?」と高く評価されることもあるのです。

つらいと思う気持ち。それは、あなたの人生を変える、大きなチャンスなのかもしれません。

WORK

11

自分のことを知る

自分はどうしたい？
他人はどう見てる？
両方を知って、
現実的なアプローチを。

職場でチームや組織への貢献ばかり考え、「自分がどうしたいか」が後回しになっていませんか？

「セルフ・アウェアネス」という言葉があります。自己認識のことで、「自分のことを知る」、そして「他人が自分のことをどう思っているか知る」ことをいいます。自分の思考、感情、欲求、強み・弱み、価値観、他者からの評価、成育歴……。望むキャリアを実現するためには欠かせない出発点です。

2

LEARN

学びで
ワクワクする。

ワクワクを追いかける「大人の学び」とは？

人間は本来、学ぶことが大好きな生き物。日々の成長を感じている人と、幸福度の高い人との間には相関関係があることが、研究でもわかっています。

学ぶことによって、新しいことを知る、何かアイデアを思いつく、できないことができるようになる……。そんな、成長の喜びを味わうためにも、学びは私たちの幸せにとって、欠かせない要素です。

学びというと「しんどい」「お金や体力が必要」「やらなければならないもの」といった、ネガティブなイメージを持ってしまう人もいるでしょう。

学生時代に身につけた詰め込み式の「お勉強」のイメージは、なかなか拭《ぬぐ》えないものなのかもしれません。

でも、学びは本来、もっと自由なもの。仕事でもプライベートでも、自分がワクワクできることに向かって進めていれば、それは十分「学び」なのです。

極論を言えば、学んだ結果、それが何の役に立たなくても、まったく問題ありません。学びを経てアップデートされた自分に満足できているのなら、それだけで学びの意義は十分に達成されていると言えるでしょう。

学びはどこからでも得られます。日々の業務や毎日の小さな習慣、新たに知り合う人々……。「これって、面白いかも！」という視点さえあれば、たとえ道端に生える雑草からでも、もしくは保育園に通う幼い子供からでも、発見や気づきを見出せるでしょう。

学び上手は、ワクワク上手。「自分から動いて、新しいことを学べた」という自信は、あなたをさらなる学びの場へと連れていってくれるはず。そんな積み重ねを続けていくうち、あなたの中には、他の誰にも真似のできない、唯一無二の「あなたらしさ」がつくられていくはずです。

LEARN

12

学ぶことがゴールではない

勉強が目的だと、
いつまでたっても
やりたいことに
たどり着けない。

新しいことに挑戦したい。そんなときに、知識やスキルを学ぶことは必須です。

ただし、「まずはきちんと勉強してから」「学んで資格さえ取ればなんとかなる」などと考えているなら、それは大きな誤解です。

たとえば、コーチングを本気でやりたいと思っている人なら、その学びは座学にとどまらないでしょう。その人は、職場でのやりとりの中で、すでにコーチングを

実践しているはずです。「学んでからでないとできない」ということはけっしてないのです。

学びや資格取得は、あくまでも進むべき道のための手段。そこをゴールにしてしまうと、自分がやりたいことになかなかたどり着けなくなってしまいます。これでは本末転倒ですよね。

新しい分野について学ぶということは、新しいワクワクのために一歩を踏み出す、ということ。自分を武装するためとか、誰かから評価されるためといった理由だけでは楽しくありません。

人生は有限。限られた時間とお金は、自分を笑顔にするために使っていきましょう。

LEARN

13

周囲の人から学ぶ

「この人の
ココがすごい！」
職場はまさに
学びの宝庫。

学びといえば、机に向かって行う勉強をイメージしがち。でも、私たちは仕事を通して出会う人たちからも多くのことを学べます。

「私の周囲には、尊敬できる人なんていない」という人もいるかもしれません。でも、学ぶために必要なのは、知識を与えてくれる「教師」ではなく、学びたいと思うあなた自身の心です。

学ぶ相手は、必ずしも自分が尊敬している人や、仲の良い人に限

りません。極端なことを言えば、見知らぬ人でもOK。たまたまあなたの目に止まった人やその仕事でかまわないのです。

　ふとしたときの同僚の思いやりある言葉、チームで共有した取引先のプレゼン資料の中身、かゆいところに手が届く他部署からの確認メール、気難しい相手との取引を見事にまとめあげる上司の交渉力……。まさに職場は学びの宝庫です。

　気の合わない人や、自分より経験が浅い人であっても、これは同じ。日々、目の前の人からどんな気づきを得られるのか。そんな観点から、「学び」を考えてみてください。

LEARN

14

自分の経験から学ぶ

うまくいってても、
いかなくても、
次に活かして自分を
バージョンアップ。

働いていると、周囲の人から学べるだけでなく、自分の仕事を通しても多くのことを学べます。

たとえば、新しい業務を任されたとき。何を誰とどんな手順でやればいいか、自分なりに試行錯誤してやり遂げたら、その経験から多くのことが学べるはずです。納期など厳しい制約で苦労したなら、最終的にうまくいっても、いかなくても、それは次につながる貴重な経験になります。

仕事がひと段落したら、全体を振り返って「ここはこうしたからうまくいった」「あそこはこっちのやり方のほうがスムーズ」など、メモを残しておくといいでしょう。

こうして何かを学んだら、必ず普段の業務に活かしていきます。以前よりスムーズに仕事が回れば、それこそが学びの成果です。「仕事を教えてくれる人がいない」「今の仕事はすべて知り尽くした」と思っていても、自分しだいで学べることはいろいろあります。

学ぶのは、プロジェクトのマネジメントから専門知識やＰＣスキルまで、なんでもあり。小さな「自分のバージョンアップ」を日々重ねていきましょう。

LEARN

15

独学する？教わる？

一度決めた方法にこだわらない。楽しく学べるならどちらでもOK。

新しいことを学びたいとき、誰かに教わるか、独学するか。悩ましい問題ですが、私はこの問いに正解はないと思っています。

「どこからどう学ぶか」「何で学ぶか」にワクワクできるなら独学で。あまり学びのイメージがつかめないようなら、人に教わるのが近道です。

とはいえ、一度決めた方法にこだわりすぎず、状況や学びの進度によって変えられると、学ぶ楽しさが持続できます。

LEARN
16
本や動画から学ぶ

基本を押さえて
まずは実践。
必要なところだけ、
随時アップデート。

手軽な学習ツールである本や動画ですが、あれもこれもと学ぶ必要はありません。基本的な知識さえ理解してしまえば、あとは実践に移ったほうが、むしろ学びが深まることもしばしばです。

たとえば、書店に並ぶ大量の本の中から、「一番簡単そうな1冊」を選んでインプット。そのあとは、実践してみて気になったところ、知りたいと思ったところの学びを追加していくのがスムーズです。

LEARN 17

セミナーやスクールで学ぶ

未知の世界でも、学びのペースや達成度がつかめて安心できる。

独学で学ぶことが難しいなら、スクールやセミナーで自分に投資してみても。学びのペースや達成度がつかみやすくなります。

新型コロナ以降はオンライン講座も増えて、学びやすい環境が整っています。もちろん、機会があればオフラインの受講も検討してみてください。場所や時間を他者と共有しながらの「五感を使って得た学び」は、深い知識としてあなたの中に浸透します。

LEARN

18

社外や異業種の人から学ぶ

自分は相手から
どう見える？
相手は自分にとって
どう見える？

イベントや交流会で、社外のまったく知らない人と会ってみるのもおすすめです。自分とは異なる職種や業界の人でもいいですし、職種は同じ（たとえば営業）だけれど業界はバラバラというのでも面白いと思います。

お互いに名刺の肩書を見ても、どういう仕事をしているのか想像がつかないことも多いはず。自己紹介し合うだけでも、多くの気づきや発見が得られるでしょう。

LEARN

19

海外で異文化を学ぶ

多様な価値観に
触れて、
柔軟な発想を
手に入れよう。

治安や為替の変動など、気がかりなことも多い海外生活。ですが、機会があればぜひチャレンジしてほしいと思っています。

海外で暮らすことのメリットは、とにかく視野がこれまでないほどに広がること。

たとえば、世界の人々は働くことにどのように向き合っているのか。がむしゃらに働き続ける人はいるのか、それともワークライフバランスを重視しているのか。

人との付き合い方も気になるところです。私たち日本人には「できる限り、他者と衝突を起こさない」という考えをよしとしがちですが、この態度を「間違い」だと考える人も、世界には数多く存在します。

国が変われば、正しいとされる振る舞いが180度変わってしまうなんて、むしろ当然のこと。

「こうでなければならないと思っていたけど、そんなことはないんだ」「こういうこと、気にしなくても、生きていけるんだ」……。

そんな発見を続けていくことで、今までは逃れづらいと感じていたさまざまな「当たり前」の呪いから、抜け出せるかもしれません。

LEARN

20

「やり抜く力」を手に入れる

才能より努力。
楽しみながら
続けられる工夫を。

何かを学び始めると、必ず壁に突き当たります。成長はけっして一定ではなく、どこかで一時的に足踏みするときがくるからです。

そんなとき、「自分には向いていない」「才能がない」とあきらめずにやり抜く力、「グリット」がカギになります。目的や興味を持ち続けること、そして、できないところを意識的に練習し、いつかできると希望を持ち続けること。楽しみながら続けていきましょう。

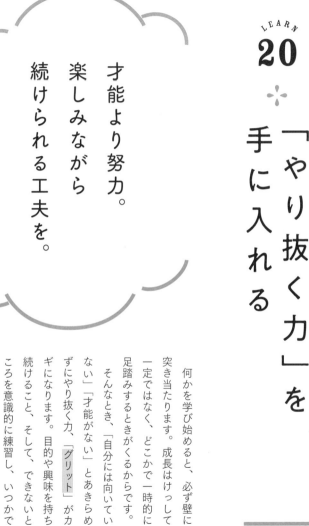

3

MIND

心を
ヘルシーに保つ。

心の状態を「ウェブ診断」でセルフチェック

ウェルビーイングな毎日を送るためには、心が前向きで満たされた状態であることが欠かせませんよね。

自分の心が今、どんな状態か。幸せをどのくらい感じているのか。心のウェルビーイング度を計測するためには、さまざまな診断テストがあります。本の冒頭で紹介した、ディーナー博士の「人生満足度尺度」もその一つです。

他にも、ポジティブ心理学の研究を踏まえたテストがいくつかありますが（https://www.authentichappiness.sas.upenn.edu/ja/testcenter）、より日本人の特性に合わせてつくられている、幸福度診断「Well-Being Circle（ウェルビーイングサークル）」もおすすめです（https://www.lp.well-being-circle.com/）。これまでのべ17万人が受けているウェルビーイング度を測るテストです。

どの診断テストにも言えることなのですが、これらは「一度診断して終わり」ではなく、定期的に診断して、自分の心の状態をモニタリングすることをおすすめします。

そうすることで、自分の心の状態や心のクセをより正確に把握できますし、ウェルビーイングのために日々行った行動の結果を確認することもできるからです。3カ月〜半年を目安に、ぜひ、定期的に診断してみてください。

大事なのは、点数の高い低いで評価を下さないことです。「高いから良い、低いから良くない」ということではありません。それよりも、「前回に比べてどれだけ幸せになったか」がポイントです。

「こんな工夫をしたから、ここが良くなった」

「次は、もっとこうしてみよう」

そんなふうに、自分で試行錯誤しながら、ウェルビーイング度を高める行動を一つひとつ実行していきましょう。

自分の心の状態を「診断」して、良くなる「行動」をどんどん起こす。このサイクルを繰り返していくことで、どんどんウェルビーイング体質になっていきます。

MIND

21

人間関係は受け取り方しだい

苦手な上司、
同僚、お客さま。
そのままでは、
つらくなるばかり。

苦手な人との仕事は何かとストレスですね。それが毎日顔を合わせる上司や同僚となると、仕事のパフォーマンスも上がりません。

苦手な人との仕事で発生したトラブルの多くは、親しい友人となら問題にもならないようなことばかりのはずです。「何が原因でこうなるの?」「どうすれば改善できる?」。そんな質問が気軽にできる環境なら、そもそも大事には発展しないでしょう。

相手を苦手だと思う心が、コミュニケーションを少なくさせ、その人との仕事をうまくいかなくさせているのです。仕事がうまくいかなくなると、さらに相手の悪い面が目につき、心の距離が開いていく……。まさに悪循環ですよね。

　このままでは、毎日がつらくなるばかり。相手が変わる予兆を見せないなら、ここは思い切ってあなたから、関係性を改善する一歩を踏み出してみませんか。

　必要以上に相手の言動をネガティブに受け取らない。苦手だからと逃げずに、こちらからはオープンマインドで接する。雰囲気にのまれずに、プロフェッショナルな心で臨んでいきましょう。

MIND

22

挨拶は自分から

返事があってもなくても、まずはしばらく続けてみよう。

関係性の改善でおすすめなのは、挨拶を自分からすること。最初のうちは相手もどう返せばいいのかわからず、無視をしたり、つっけんどんな態度かもしれませんが、そのうち返事をしてくれるようになるはずです。

そこであなた自身が、その人に少しでも好感を抱ければ、しめたもの。先入観を取り払えば、その人のいいところも、どんどん見つけられるようになっていきます。

MIND
23

ぶつかった翌日、サッと声かけ

気持ちのわだかまりを解きたいなら、先手必勝。

自分の仕事に誇りを持っているからこそ譲れないポイント、ありますよね。でも、それが原因で誰かとぶつかってしまうことも。

そんなとき、心のわだかまりや気まずさを払拭するためには、先手必勝。翌日、顔を合わせたら、自分から声をかけましょう。「昨日はありがとう」「大事なことだから、本音で話せてよかった」。素直に気持ちを伝えれば、きっと相手もわかってくれます。

MIND

24

メールの返信はひと呼吸置いて

とくにネガティブなことをやりとりするときは要注意。

仕事のメール。ときにはネガティブなやりとりになってしまうこともあるでしょう。その場合は、どんなに丁寧な言い回しをしていると思っても、やはりひと晩置いて見直してみてください。

見直すときは、表現のやわらかさだけでなく、相手の立場や話の角度についても考慮してみます。「私がこの人でも、同じことを言うかもな」なんて思えれば、相手も過度にネガティブに受け取ること

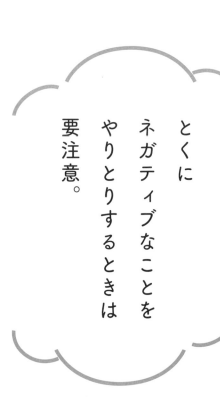

はないはずです。
状況によっては、直接会ったり電話やビデオ通話のように、双方向で話したほうがよいこともあります。案外、こちらが不必要にネガティブになっていたことに気づくかもしれません。
コミュニケーションは、どう伝えるかだけでなく、どう受け取るかも、とても重要です。受け取り方次第で、その後の相手とのやりとりが変わってくるからです。
私はよく「能天気すぎる」なんて言われますが（笑）、どんな言葉も、ポジティブに「取りすぎる」ぐらいでちょうどいいことのほうが結果的にうまくいくことが多いように思っています。

MIND
25
仕事の失敗、クヨクヨしない

引きずると、さらなるミスや気分の落ち込みでイイコトなし！

仕事での失敗は、誰にでも起こりうること。でも、つい自分や他人を責めてしまいがちですよね。

私たちが人間である以上、ミスは避けられないもの。能力が高い人にも低い人にも、持ち回りで順番にやってくると覚悟しておくのはいかがでしょうか。自分がミスをしても、誰かがミスをしても、それはたまたま「その人の番が来ただけ」なのです。

もちろん、言い訳のしようがな

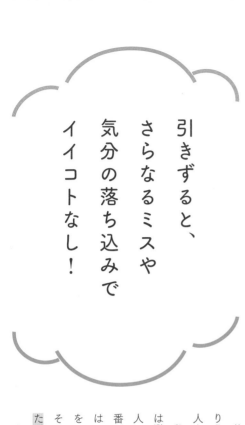

い大失敗をしてしまうこともありますよね。そんなときは、とにかくまず謝ること。

そのあとは、①なぜそれが起きたのか、②また同じようなことが起きる可能性はあるか、③可能性があるなら、どんな対策が取れるか、この3点セットを考えます。

それらをしっかり考えたあとは……もう、そのことは忘れてOK。

どうしても引きずってしまうときは、一度その記憶から徹底的に離れて、心の底から笑顔になれる時間をあえてつくりましょう。お笑い番組を見るのもいいですし、心置きなく話せる友だちとお酒を飲みに行くのもおすすめです。

MIND

26

「いいこと日記」をつける

ネガティブに傾きすぎているアンテナを調整するワーク。

なんとなく気持ちが鬱々とする日が続くようなら、ぜひ「いいこと日記」を始めてみてください。

これはポジティブ心理学の研究者、セリグマン博士が紹介している有名な方法。毎日寝る前に、その日に起きた良かったことを3つ挙げて、それがなぜ起きたかを書くだけです。

最初は3つ挙げるだけでも、それなりに時間がかかるかもしれませんが、徐々に「どれを書けばい

いかな？」と迷うくらいたくさんのことを思いつくようになります。

人は誰でも、自分を守るためにネガティブなことに敏感になりがちです。ただし、これがいきすぎると、ポジティブなことを認識するアンテナが衰えてしまい、幸せの感度がどんどん鈍くなってしまうのです。

このワークで、ポジティブな出来事を探すのがうまくなっていけばいくほど、多くの幸せを感じられるようになっていきます。1週間続けるだけでも、その後半年は幸福度が上がり、抑うつ傾向が抑えられるという報告もあります。

少々のことではめげない、明るく強い心をつくっていきましょう。

MIND

27

「感謝の日記」をつける

いろんな人が
自分のために
してくれている
ことに気づく。

幸せを感じる力を取り戻すためには、「感謝の日記」をつけてみるのもおすすめです。

方法は、その日にあった誰かに感謝したい出来事を3つ書き出すだけ。もちろん、どんな小さなことでも、かまいません。

誰にも感謝するべきことがないと思ったら、「今日一日生きられたこと」「ご飯が美味しく食べられたこと」でもいいのです。当たり前だと思うことでも、自分一人で

は到底成し遂げられないということにあらためて気づくはずです。

「私に手を差し伸べてくれていた人が、実はたくさんいた」。そんなことに気づくと、なんだか心がジュワッと温かく満たされませんか。たったこれだけで、ポジティブな感情や自尊心が高まるという研究結果が出ているのです。

自分の心が感謝で満たされている人は、必ず人に親切にできるようになるもの。人に親切なことをすると、さらに幸福度が高まるという好循環が生まれていきます。

感謝の気持ちは、それを相手に直接伝えることで、さらに効果が高まります。電話や手紙でお礼を伝えてみるのもいいですね。

MIND

28

「不安なこと」を書き出してみる

書く瞑想で、心のモヤモヤクヨクヨを、スーッと整える。

仕事に対して不安やストレスが続くときは、思い切って「今のありのままの気持ち」を紙に書き出してみましょう。

「ジャーナリング」とも呼ばれるこの方法。ちょっとぐらい乱暴な言葉遣いでも、正直に書き出して、まずはありのままの自分の気持ちをきっちり認めてあげます。

書ききれたら、誰かに思いをさらけ出したかのように、スッキリとした気持ちになれるはず。ただ

し、書いた内容は、鍵をかけたり、捨てたりして、絶対に他人には見られないように工夫しておきましょう。

それでもまだ気になる、引きずりそう、というときは、自分なりに解決策を考えていきます。深刻になりすぎないように、前向きに取り組んでください。

たとえば、気持ちを書き殴った紙に「○○傾向と対策」「○○祭」なんてタイトルをつけてみる。状況がどんなに複雑でも、楽しみながら解決にあたれそうな気がしてきませんか。

そうして自分なりにあれこれ考えていくうちに、納得のいく答えが見つけられるはずです。

MIND
29
あえて笑顔をつくる

ふと鏡を見たら、
驚くほど無表情。
そんな自分に
気づいたときは…

落ち込んだときこそ、あえて笑顔をつくりましょう。研究によれば、脳は口角が持ち上がる（＝笑顔になる）といいことが起きたと判断し、幸せホルモンを分泌するそうです。まさに「楽しいから笑うのではなく、笑うから楽しくなる」ですね。

コツは、目元まで含めた、顔全体で笑顔をつくること。落ち込んだ日用の、面白動画やエピソードを用意しておいてもよさそうです。

郵 便 は が き

（切手をお貼り下さい）

170-0013

（受取人）

東京都豊島区東池袋3-9-7
東池袋織本ビル4F
㈱すばる舎 行

この度は、本書をお買い上げいただきまして誠にありがとうございました。お手数ですが、今後の出版の参考のために各項目にご記入のうえ、弊社までご返送ください。

お名前《ふりがな》	男・女	才
ご住所 〒		
ご職業	E-mail	

今後、新刊に関する情報、新企画へのアンケート、セミナー等のご案内を郵送またはEメールでお送りさせていただいてもよろしいでしょうか？

□はい □いいえ

ご返送いただいた方の中から抽選で毎月3名様に
3,000円分の図書カードをプレゼントさせていただきます。

当選の発表はプレゼントの発送をもって代えさせていただきます。
※ご記入いただいた個人情報はプレゼントの発送以外に利用することはありません。
※本書へのご意見・ご感想に関しては、匿名にて広告等の文面に掲載させていただくことがございます。

◎タイトル：

◎書店名（ネット書店名）：

◎本書へのご意見・ご感想をお聞かせください。

ご協力ありがとうございました。

MIND 30

「小さな親切」をする

周囲の人との
ちょっとした
つながりで、
元気を取り戻す。

誰かに親切にすると、自分は他者の役に立っていると実感することで、自己肯定感が高まります。自信を高め、他者との関係も築きやすくなり、心が安定するのです。

「体調はどう？」「大丈夫？」と言葉をかけるだけでも、言われた側はうれしいもの。シンプルにゴミを拾うというのでもOKです。

「1日1つ」「今日は集中的に」など意識して実践することで、より効果があるとされています。

MIND

31

もっと自分にやさしく

誰かにやさしくしたいなら、自分にやさしくすることが先決。

目の前のことに一所懸命になっているうちに、自分のことがおろそかになってしまう。仕事や家族、他人を優先して自分のことはつい後回しになってしまう。そんなことが続くと、自分が何のために頑張っているのかどんどんわからなくなっていきます。

セルフ・コンパッションという言葉があります。これは「他人を思いやるように、自分のことも思いやりましょう」というもの。意識

して自分を労《いたわ》ることで、自己肯定感や幸福度を高めていく方法です。

私たちは、他人を思いやる心（利他）と自分を思いやる心（自利）、その微妙なバランスの上で生きています。そのどちらかに偏らないように心を整えることが心のウェルビーイングには欠かせないのです。

体の健康を保つためには食事で栄養を取ることが大事ですが、では心の健康を保つためには？　たとえば、自分を思いやる温かい言葉や声かけです。

「ナイストライ」「グッジョブ！」「私ってすごい」……。誰かに褒められるのを待たなくても、自分のいいところを探してどんどん褒め上手になってください。

MIND

32

「答えの出ないこと」も受け止める

なんでもかんでも
今すぐ
解決しなくちゃ
と思わなくていい。

仕事や人間関係、人生の難問。「解決しなくちゃ」と躍起になると、それがかえって大きなストレスになることもあります。

そんなときに覚えておいてほしいのが、「ネガティブ・ケイパビリティ」の考え方です。答えの出ない居心地の悪い状態も、それはそういうものとして、いったん受け止めることをいいます。

「うまくいかない」「よくわからない」「なんだかおかしい」そんなふ

うに感じても、「今は解決するのが難しい」ということです。どんなに難しい状況であっても、「いつか解決するだろう」と思えば、心は安定し、徐々に落ち着きを取り戻していきます。

たとえば、なかなかスムーズに進まない、大きなプロジェクト。連携の取りづらい部署と今すぐ関係改善が進むとは限りません。

それでも、頭の片隅に置いておけば、いつか大きく変わるきっかけがめぐってくるかもしれません。

何か問題があるとき、その場で解決できなくても、焦る必要はありません。あきらめることなく、明るく前向きに、どっしりかまえてチャンスをうかがいましょう。

MIND
33

ストレスを味方につける

つらかったけど、
なんとか乗り切った。
そんな経験が
いつしか武勇伝に!?

ストレスやプレッシャー。できれば避けたいと誰もが思いますが、完全にゼロになってしまうと、挑戦の機会もなく、達成感のない退屈な毎日になってしまいます。

たとえ逆境にあっても、折れずに立ち直る強い心、「レジリエンス」があれば、人はそこから多くを学ぶことができます。つらい出来事があったときこそ、成長と飛躍のチャンス。本章で紹介したワークを参考にしてみてください。

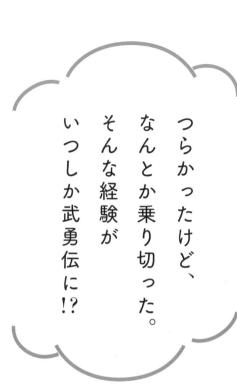

4

RESET

コリをほぐして整える。

余裕がないときこそ「ご機嫌スイッチ」をオンに

何かと忙しい私たち。スケジュール帳のタスクを、何かに追われるようにこなしていくだけの日々では、ウェルビーイングは遠のくばかりです。

そんなときこそ、自分がいつもご機嫌でいられるにはどうすればいいかを真剣に考えてみることです。大変なときこそ、あえて自分をゆるめて、心と体の元気を取り戻せるかどうかが、ウェルビーイングのカギになります。

このとき、「仕事がなければ、ご機嫌になれるはず」「苦手なあの人さえいなくなればいいのに」「この病気でいる限り、気分が良くなることなんてない」などと思い浮かんできたら、要注意。というのもそれは、結局、自分以外の誰かや何かに、あなたの機嫌をコントロールされているということになるからです。

そのためにも、ぜひ、普段から自分なりの「ご機嫌スイッチ」をどんどん見つけてストックしていってください。できれば、思考や言葉ぬきで、一瞬でリセットできるものがおすすめです。環境を変えたり、五感を使ったり、体を使って感じることは、どんな言葉よりも自分の心と体に率直に響くものなのです。

たとえば私は、大のハーブティ好き。一日中ｚｏｏｍ会議が続くとわかっている日はあらかじめ、とっておきのハーブティを、鉄瓶で沸かしたお湯で淹れてPCの横に準備しておきます。

次の会議までの間のたった5分でも、飲めば口いっぱいに広がる幸せの味と香り。「5分しかない」ではなく「5分ならどうすればいい気分になれるかな」と発想してみると、「大変だけど、このハーブティが飲めるから、幸せ！」と元気に次の会議にも進んでいけます。他にも、お気に入りのフレグランス、毎日のワークアウト、美味しいスイーツ……。ご機嫌スイッチは、たくさんあればあるほど、どんな状況にも対応しやすくなります。

この章で紹介しているものは、ほんの一例。ぜひ次の休日はショッピングなどに出かけて、自分の「ご機嫌スイッチ」になりそうなものを見つけてみてください。

RESET

34

お気に入りの「おさぼりスポット」を持つ

疲れたとき、
悩みがあるとき、
アイデアが出ないとき、
安心できる場所。

仕事の合間や家事の合間、たまの休日……。日々、一所懸命に頑張っているあなたの心と体。力を込める時期が続き、疲れが溜まってきたときのためにも、ぜひ、気持ちをゆるめられる、お気に入りのおさぼりスポットを何個かつくってみてください。

たとえば、会社の建物の非常階段や、自宅の近くにあるこぢんまりとしたカフェ、デパートの空いているメイクスペース。イートイ

ンスペースのあるコンビニなんかも、仕事の合間にひと息つくにはよさそうです。

　もし、少し遠出ができるなら、空港やタワーに足を運んでみるのもおすすめです。高い階層にあるカフェやバーで空を見ながらぼんやりしていると、「自分は小さなことで悩みすぎていたかも……」なんて気持ちが切り替わることもあるものです。

　仕事のアイデアも、机の上でうんうん唸って考えるより、散歩したり、乗り物で移動したり、場所が変わることで良い案が出てくることも多いですよね。煮詰まったときに、ひと息つけるあなただけの場所をぜひ見つけてください。

RESET

35

ランチは一人でのんびり

窮屈な関係から自由になるためのはじめの一歩。

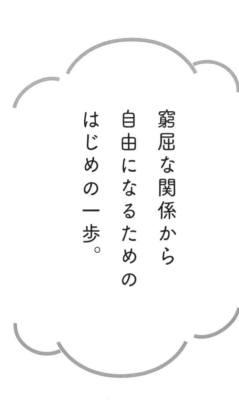

ランチタイムはいつも同僚と、という人もいるでしょう。でも、なんとなくの付き合いでしかないのなら、思い切ってその時間は「自分だけの特別な時間」に変えてみませんか。

たとえばフィンランドでは、毎日1時間ほど、自分自身と向き合う「マイタイム」を持つ人がいます。エクササイズや読書、日記、没頭できる趣味……。日常の忙しさから解放され、心を落ち着かせ

ることで、自分の「ありのまま」の形が見えてくるのです。

忙しい毎日、とくに家族がいる人などは、一人になれる時間は貴重です。好きなものを好きな場所で食べて、考えごとをしたり、用事を済ませたり、勉強したり、仮眠したり。自分だけの時間を過ごすことで、午前の疲れもきちんとリセットできます。

無理に誰かと一緒にいても、心が通じ合わなければ、結局、孤独感やしんどさが高まるだけです。自分にとっての心地良さとは何か。それを知るためにも、ランチタイムは、自分に向き合うとっておきの時間として活用しましょう。

RESET 36

自席で気軽にマインドフルネス

集中したいとき、心がザワついたとき、「今、ここ」の感覚を取り戻す。

今、ここに意識を集中させる「マインドフルネス」。感情から一歩距離を置き、自分の心身の状態を客観視できるとして、多くの人が注目する手法です。が……、エクササイズの最中に湧き起こる雑念との付き合い方に慣れるまでには、それなりの練習がいります。効果が出る前に「私には難しすぎる」「継続できない」とあきらめてしまった人も多いはずです。

私がおすすめするマインドフル

ネスの方法は、レーズンやハーブティなどを媒介にして、五感の力を借りるもの。何もない状態でいきなり実践するよりも雑念が入りづらく、集中しやすいのです。
　レーズンやハーブティの、見た目や食感、香り、手触り、味わい、喉を通る感覚に注意を向けながら、今、ここにいるあなたの心身の状態を、ゆっくり時間をかけてチェックしていきましょう。
　時間がないときは、最初の一口をじっくり味わうだけでもOKです。忙しさで周りに気をとられて、心あらずになっている状態をリセットできます。オフィスに「マインドフルネス用の飲食物」を用意しておくのもおすすめです。

RESET

37

植物にふれる

人間も動物。
緑に囲まれると
心身ともに
リラックスできる。

前述のようにウェルビーイングに有効なのは、五感をフルに使うこと。たとえば、植物を眺める。視界に占める緑の割合が高いほど、ストレスが減り、パフォーマンスが向上することがわかっています。

緑を視界に入れる方法はさまざまあります。ＰＣの壁紙などは手軽ですし、観葉植物を育てたり、散歩中に緑を楽しむのもいいですね。休日に山に出かけるのも大いにおすすめです。

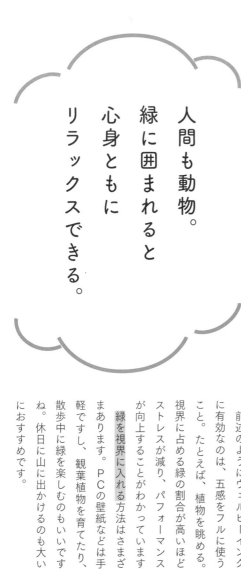

RESET
38
音楽で整える

ファイトソング、
リラックスソング、
テーマソング、
自分のプレイリストを。

音楽は、記憶と密接に結びついています。自分の気分ごとに「やる気を高めてくれる音楽」「プレッシャーに負けない音楽」など決めておくと、自分の気持ちを上手に切り替えるサポートになります。

スポーツ選手は、試合の前などに聞くとっておきの「ファイトソング」を決めている人も多いのだとか。自分だけの「◯◯ソング」を決め、ここぞというときに耳から心身を整えていきましょう。

RESET

39

香りでマイペース

一瞬でリセット。
お気に入りを
どんどん見つけて
スイッチを入れる。

五感といえば、気分を変えたいときや落ち着きたいときなど、嗅覚を活用するのも有効です。
私のおすすめは「集中したいとき」「やる気を出したいとき」の香りを、常にポーチに忍ばせておくこと。ロールオンタイプならかさばらず、吹きかけて周囲の迷惑になることもありません。PC仕事なら、ハンドクリームなども手軽でいいですね。好きな香りをいくつか用意しておきましょう。

RESET
40
モフモフしたものでほっこり

イライラ、モヤモヤ
ドキドキ、ハラハラ
クヨクヨ、ウツウツ
なときの救世主。

「最近癒しが足りてない！」と思う人は、ぜひ、カバンやマフラー、ポーチ、スマホケースなどに、ボアやフェイクファーの「モフモフ素材」を取り入れてみてください。

研究結果でも、幸せホルモンであるオキシトシンやセロトニンが分泌されることがわかっています。

ちょっと手に触れるだけでも、一瞬でほっこり。ストレスでいっぱいいっぱいなとき、そ〜っとナデナデしてみてください。

RESET 41

美術館で見るのは一枚の絵だけ

「全部見なくちゃ」は思い込み。作品とどう向き合うかは、その人しだい。

日常生活の慌ただしさから離れて心のデトックスを求めるなら、アートもおすすめです。

アートの楽しみ方はもちろん人それぞれ。たとえば私の夫は、美術館に行っても一枚の絵をじっくりと眺めるだけです。

美術館の企画展などに行くと、多くの人が作品を順番に見ていきますが、それが必ずしも良い方法とは限りません。たとえば、旅行の際、1分単位で予定を詰め込ん

でしまうと、落ち着いてその土地を楽しむことはできませんよね。同じように、全作品を慌ただしく見て回ったとしても、結局そこまで記憶に残る思い出にはならないかもしれません。

何が「正しい」鑑賞方法かは、あなたがどれだけ心地良く感じるかによります。自分はこの作品の、何が心に響いたのか。どんな気持ちになったのか。作品を通して、自分自身とじっくり向き合う時間を持つことが、アートを通じたリフレッシュにつながるのです。それはもしかすると、作品の背景や作家の思想を正確に把握することよりも、ずっと大事なことかもしれません。

RESET

42

女子会でスッキリ

モヤモヤが続く。
そんなときは、
気の置けない友だちと
ワイワイおしゃべり。

ここまでは、一人でできる気持ちの切り替え法をお伝えしてきましたが、日々のモヤモヤが晴れないときは、ぜひ、周囲の人とのつながりも意識してみてください。

仕事をしていると、「どうにも納得がいかない」、そんな状況に数多く直面します。たとえば、会社の方針で、自分のポリシーに反するような業務に携わらなければいけないこともあるでしょう。クライアント側の意向で、自分のこだわ

りが貫き通せなくなることもあるかもしれません。
　そんなときは、気の置けない友だちと女子会でも開いて気持ちを発散してしまいましょう。普段の悩みやトラブルから一時的に離れ、自分が自分らしくいられる状況に身を置くことで、これまで思いつかなかったような解決方法が思い浮かぶかもしれません。そうでなくても、自分の考えを頭ごなしに否定せずに受け止めてくれる人の存在は貴重ですよね。
　必ずしも親しい人との交流でなくても、たとえば趣味や学びの場に参加するのもおすすめです。今までにない視点や気づきが新たなパワーの源になります。

RESET

43

心を整える旅を

仕事や日常生活から離れて、自分自身とじっくり向き合う時間。

仕事がひと段落したら、旅行でリフレッシュする、という人も多いと思います。そんな方は、次の長期休暇で「リトリート」にぜひチャレンジしてみてください。

リトリートは、自宅以外の場所に長期滞在し、日常の忙しさから離れることで、心身をゆるめてリセットする方法。いわゆる「観光名所」を慌ただしく回るのでなく、雄大な自然の中で瞑想やヨガ、温泉、シンプルな食事などで、ゆっ

たり過ごすのが基本です。
大自然の中、五感を使って何もしない時間を過ごすうちに、自分の本当の姿が見えてきます。自分の根幹は何か。自分が求めていることは。今抱えている悩みは何が原因なのか。そんな問いに答えが見つかることもありそうです。
最近は、リトリート専用の宿泊プランもありますし、伝統的なお寺の宿坊体験などもよい経験になります。そんなに本格的でなくても、長期旅行の数日だけはゆったり過ごす、などでもいいですね。
毎日忙しいあなただからこそ、ときには思い切って、今までとこれからについて考える時間をとってみることをおすすめします。

RESET

44

「推し活」で毎日が充実

楽しめば楽しむほど
ウェルビーイングに
なれる!?

あなたには誰か応援している「推し」はいますか？　好きなグループ、人、キャラクター……。動画視聴、グッズ購入、イベント参加など、ハマっている人も多いと思います。

推し活は、日々の癒しや励みになるだけでなく、視野を広げ、未知の経験を増やし、多くの人とつながるきっかけをつくってくれるアクティビティです。ぜひ楽しみながら元気をチャージしましょう。

5

BODY

体から
元気になる。

「ちょっと大変、でも楽しい」健康管理の秘訣はバランス

体が元気であることは、ウェルビーイングの基礎。学びや、出会い、美味しい食事、仕事……。ウェルビーイングな毎日の元になっている活動のほとんどは、心身が健康でなければ実現できません。

ところが、私たちの多くは、自分の心と体の健康を後回しにしてしまいがち。また、仕事や趣味の活動が楽しくてたまらない、という人も、実は注意が必要です。心も体も悲鳴を上げているのに、フロー状態で疲労に気づけず、気づいたら燃え尽き症候群でうつ状態に……なんて状況も珍しくありません。

個人的には、「自分は健康！」と思っている人よりも、「自分は体が弱い」と思っている人のほうが、むしろ無理をしすぎず、健康的な生活ができているように思います。一病息災とはよくいったものですね。

私もそうなのですが、小さい頃から「健康優良児」なんて言われていた人は、そのセルフイメージのまま年齢を重ね、徐々に体が追いつかなくなってくる印象です。自分の心と体は、今の時点では、どんな働き方や休み方を求めているのか。常に自問自答しておきたいところです。

健康のために意識したい基本の3つは、睡眠と運動、それから食事。でも、苦しいばかりの習慣は続かないもの。できればまずは、ご褒美を準備したうえで取り組んでみてください。たとえば運動なら、「歩くとポイ活になるアプリをダウンロードする」「ドラマを観ながらランニングマシン」「遠くのカフェまで散歩して、コーヒータイム」などなど。心がワクワクする仕組みづくりがまずは重要です。

運動に限らずですが、ウェルビーイングでは「バランス」が何よりも大切です。「健康にいいから」と苦しい筋トレを続けた結果、運動が嫌いになってしまっては本末転倒。世間の基準にとらわれず、自分がワクワクできるペースを意識的に維持しましょう。「ちょっと大変、でも楽しい」ぐらいのバランス感がベストです。

BODY

45

睡眠時間を削らない

「たかが寝不足」と過信は禁物。体にも心にも大きなダメージ！

ウェルビーイングな毎日を送りたいなら、絶対に軽視してはいけないのが睡眠。私は夜型人間で、夜更かしも大好きなのですが、どんなときでも睡眠時間は最低6時間確保するようにしています。

これは、自分自身の苦い経験があったからこそ。以前の私は、仕事と家庭の両立に夢中になり、毎日の睡眠時間は2時間半程度、という生活を続けていました。それまで風邪もめったに引かず、イン

フルエンザにも罹ったことがなく、健康には自信があったのです。

ところがある日、突然の発熱。41度の高熱で、1週間以上入院することになりました。原因は、疲労が蓄積し、免疫力が極度に下がってしまったこと。大イベントの間際でもあり、睡眠がいかに重要なのかを痛感した出来事でした。

「忙しい」「やるべきことがある」と思うと、一番手近な睡眠を犠牲にしがちです。ところが寝不足は、利他的な行動を妨げるという研究結果もあり、心身をともに損なう原因になるのです。

ウェルビーイングな毎日を送るためには、睡眠は基本中の基本、と心得ておきましょう。

BODY

46

栄養をきちんと取る

しつこい
過食や体調不良。
もしかすると、
食生活が原因かも。

毎日の食事、忙しくてついつい
コンビニやファストフードなどで
手軽に済ませている人も多いで
しょう。

ところが毎食きちんと食べてい
ても、必要な栄養が取れていない、
「低栄養」の人が近年増えている
ようです。カロリーは足りていて
も、体に必要なタンパク質やビタ
ミン、ミネラルなどの栄養素が不
足している状態です。

栄養不足が続くと、疲れ、風邪

引き、貧血、便秘、肌荒れ、体の冷え、イライラなど、心身にさまざま影響が出ます。体が栄養を欲することで食欲が増してしまい、体重増加などにつながる可能性まであるのです。

とはいえ、仕事が立て込んでいるときなど、ささっと麺類や丼物などで簡単に済ませたいですよね。そんなときは、食事が炭水化物に偏っていないか、肉や魚、野菜が不足していないかチェックして、一日の中でバランスを取るように工夫してみてください。

私たちの体は、食べたものでできているとも言われています。いざというとき、万全の態勢で動けるかどうかは自分しだいです。

BODY

47

食べすぎないコツ

目の前の食事に
とことん集中。
本来の食べる感覚
を取り戻す。

「どうも最近食べすぎてしまう」「満腹なのに物足りない」。そんなときは、食事量を減らし、血糖値も下がるとされるマインドフルイーティングが有効です。

食べるスピードはゆっくり。20〜40回は噛んで、見た目、味や香り、食感を味わい尽くします。一粒のレーズンで行うのも効果的です。表面のシワを観察して、香りを嗅ぎ、口の中で転がし、ゆっくり噛んで飲み込んでください。

BODY

48

カフェインの取りすぎに注意

コーヒーやエナジードリンク。惰性で流し込んでいませんか？

仕事中、PCの画面を見ながら、コーヒーをひっきりなしに飲む。惰性で流し込んでいると、一日にかなりのカフェインを摂取することになります。

味や匂いが好きかどうかではなく、眠気や疲れを紛らわすために飲む。集中力を高めるために飲む。こんな飲み方をしていると体を痛めるだけです。溜まった疲労には、カフェインではなく、睡眠のほうが効果的かもしれません。

BODY

49

お酒の量をちょっと減らしてみる

自分の時間が増える、お金が貯まる、体調以外にもいい変化がいっぱい。

自分の体調や時間、やりたいことを大切にするため、あえてお酒を飲まない「ソバーキュリアス」というライフスタイルが注目を集めています。

お酒の場では、飲んで楽しく会話する人が重宝されがち。つい無理して飲みすぎてしまう人も多いのでないでしょうか。一杯減らす、濃いお酒は避けるなど、少し減らすだけでも、体調や体重、仕事のパフォーマンスからお財布まで、

良い変化が現れるはずです。

　重要なのは、自分の心と体が一番心地良くいられる「適量」を見つけること。それだけでなく、「今日は、ワインと食事を楽しみたい」「パーティで華やかな気持ちになりたい」「このあと一人の時間が欲しいから、ノンアルコールを貫きたい」「断る勇気を身につけたい！」といった、日々変化する自分の内なる声を聞いてあげることです。

　お酒は「悪」ではありません。絶対に飲まないと決めてしまうのでもなく、飲みすぎて「酒に飲まれる」状態になるのでもなく。自分の心と体が幸せを感じられる、上手なお酒との付き合い方を探ってみてください。

BODY

50

呼吸を深く整える

1分でOK。
ストレスで
凝り固まった体を
スーッとほぐす。

人は、ストレスがかかると呼吸が浅くなってしまう生き物です。

浅い呼吸は、体や脳に十分な酸素を届けられず、不安感を増大させます。また、緊張してこわばり、肩が上がることで、姿勢も悪くなる傾向にあります。ストレスを感じたときは、意識的に深い呼吸を意識してみましょう。

といっても、深い呼吸は簡単なようで難しいもの。おすすめは、4秒かけて肺を膨らませるように

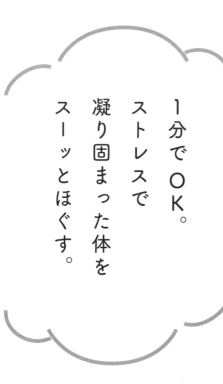

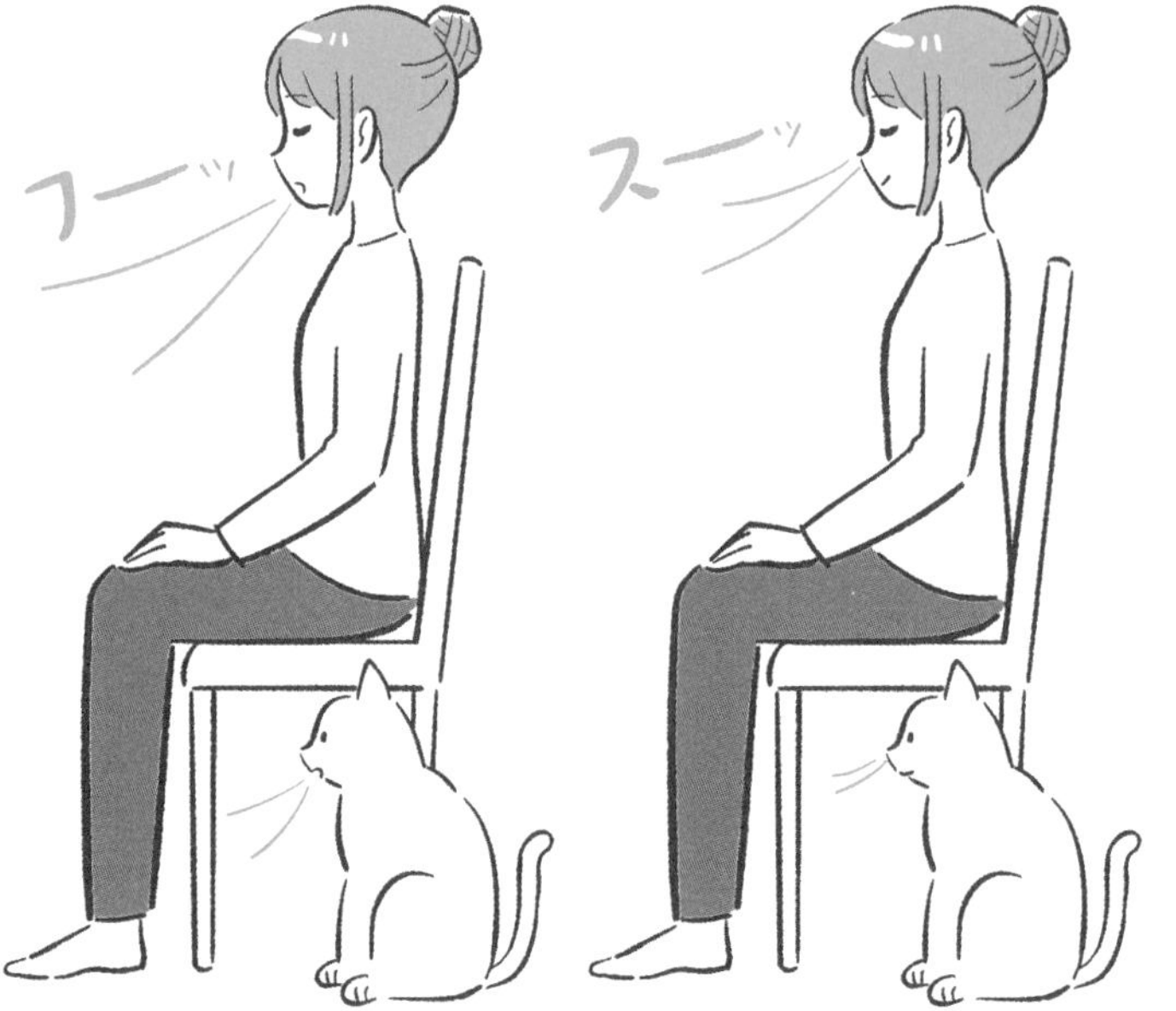

鼻から息を吸い込み、6秒かけて口から細く長く息を吐き出すことです。このとき、前方2メートルくらいのところにあるロウソクの火を消すイメージでゆっくり息を吐き出していきましょう。

　この呼吸法を何度か繰り返すことで、たった1分でも、頭がスッキリし、心も落ち着いてくるはずです。

　体と心はリンクしています。心が落ち着かないときは、まず体を整えることからトライしてみましょう。整った体に連動して、心も整ってくることでしょう。焦っているとき、不安を感じているときこそ、深呼吸を習慣にしてみてください。

BODY

51

病院に行くのを先のばしにしない

ほうっておいても、
怖い気持ちが
膨らんでいくだけ。

体の不調を感じても、お医者さんに何か言われるのが怖いから、病院に行けないという人、意外に多いようですね。

実は、私は乳がんのサバイバーでもあります。セルフチェックで「もしかして?」と思った瞬間に、病院に予約の電話を入れました。見つかったがんは非常に小さく、医師からも「よく見つけましたね」と驚かれるほど。

私がすぐに病院に行ったのは

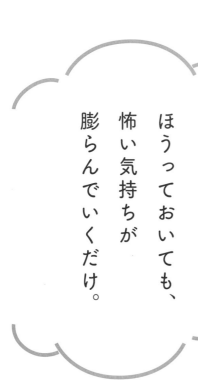

「心配していても、事態が良くなることはない」と思えたから。もしも「がんなのかも」と思いつつ放置していたら、仕事にもプライベートにも、身が入らなくなったに違いありません。

私の場合はがんでしたが、体調不良の対処法はすべて「軽度のうちに対策を取ること」だと思っています。「こんなことで病院に行くなんて」「様子見してみようか」と思わず、不安があれば迷わず専門家の意見を聞きに行きましょう。

また研究では、幸福度を高めると、免疫力などが高まることもわかっています。心配事は早めに取り除くことが、健康のためにも重要なのです。

BODY

52

生理痛やPMSとうまく付き合う

我慢しないで、つらいと感じたら、一度は病院に。

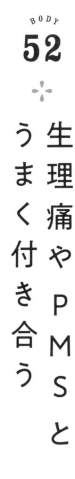

生理痛やPMS（月経前症候群）は、女性にとって避けて通れない問題です。7割近くの人が症状が強いけど我慢している、という調査結果もあります。

もしも思い当たるなら、「みんな我慢しているんだから」「どうせよくならない」と決めつけず、専門医に相談してみてください。最近は、薬の使用をはじめいくつかの方法が普及しています。実際、多くの人が、仕事の効率や生産性が

下がると感じていますし、なにより毎月の症状がつらいですよね。
それでも仕事に支障が出るほど症状が深刻な場合は、上司や職場に状況を伝え、理解を得ることも考えてみてください。「職場に迷惑をかけるわけにはいかない」「甘えたくない」と隠すよりも、ちょっとした配慮や仕組みで働きやすくなることもあるからです。
重要なのは、普段から職場で、周囲の人とお互いにハッピーでいられる、信頼関係をつくっておくこと。普段から個人的な話までできるような関係であれば、理解してもらうことは、そう難しいことではありません。誠意をもって相談してみてください。

BODY

53

体を動かす習慣を

ストレスに効く。集中力や注意力、やる気まで高めてくれる。

週に2〜3回、20〜30分の息が上がる程度の有酸素運動をすると、健康によいだけでなく、ストレスにも効果的であることがわかっています。おまけに集中力や注意力、やる気も高まるのだそうです。

私が最近始めたのは、ランニング。友人に影響されて始めたのですが、今では出張先にもマイシューズを持っていくほど、欠かせない習慣になっています。

最初はつらいだけだと思ってい

ましたが、3〜5キロ走っていると急に楽になるタイミングがやってくるのです。それを経験してからは、どんなにつらくても「そのうち楽になる」と信じて走り続けられるようになりました。

　ランニングに限らずですが、多くのことは、キツい時期と楽しい時期を繰り返すもの。そしてどんなことでも、最初のうちは多かれ少なかれ「キツい」と感じるように思います。だからこそ大事なのは、まずははじめの一歩を踏み出すこと。そして、あまりのキツさに、二歩目が続かない人も「今はキツいけど、そのうち楽になるはず」と考えてみてください。段々楽しくなってきます。

BODY

54

#「幸せに気をつけて」を合言葉に

心と体はつながっている。幸せに過ごすことが健康の基本。

人生100年時代。できれば長生きして、多くの楽しみを味わいたいですよね。自分が幸せだと感じている人は、そうでない人より寿命が7年長い、という研究結果もあります。免疫力も高く健康です。

よく「体に気をつけて」とはいいますが、これからは「幸せに気をつけて」生きることも大事なのではないでしょうか。ストレスの多いときこそ、ぜひ、意識してみてほしいと思っています。

6

LIFE

生き方を
デザインする。

「理想通りの人生」なんてつまらない

「有名大学を卒業したい」「大手企業に就職したい」「○歳までに結婚して、子供は○人欲しい！」……。多様性の時代とはいえ、まだまだ「こうならないと」という理想ありきで人生を考えている人は少なくないのかもしれません。

でも、人生がもしも、すべてあらかじめ決まっているストーリーに沿って進んでいったとしたら……。そこに大きな飛躍や発展はありません。心の底から湧き上がるような喜びや驚きは得られないのではないでしょうか。

人生は、むしろ「思い通りにならない」からこそ、面白いもの。予想外の出来事に遭遇して、自分がどうしたいのか考え動くことで、少しずつ人生がつくられていく。そんな偶然を味方につける生き方のほうが、ウェルビーイングは実現できるものなのかもしれません。

そもそも、新型コロナウイルスの流行を経験した私たちは、自分の意思ではどうしたって「理想通りの人生」が実現できないこともある、ということを知っているはず。あの時期、就職や転職、起業などのチャンスを失った人もいるでしょう。理想や目標は柔軟にとらえて、自分がどんな人間でありたいかを意識することが重要なのです。

たとえば、「海外留学したい」という夢はあきらめたとしても、「海外とつながりのある仕事がしたい」「世界を視野に入れて学び続ける自分でいたい」という生き方は、大きくブレることなく満たし続けられるはずですよね。

これは、キャリアなどの大きな選択に限らず、とても大切な心のあり方です。自分はいつ、どんな場所で、誰と、どんなふうに暮らしたいのか。どんなファッションで、どんなことを楽しんで、何にワクワクして生きていきたいのか。

いわゆる世間一般で言われる幸せを追い求める必要はありません。目の前の選択を続けていくうちに、いつの間にか自分の望む幸せに近づいていく。そんなプロセスこそが、ウェルビーイングな人生なのではないかなと思います。

LIFE

55

ライフステージで住みたい場所は変わる

正解はない。今の自分や家族に必要なことを優先してみよう。

テレワークの普及で、勤務形態の多様化が進み、住む場所の選択肢はそれこそ無限大。賃貸か購入か、都心か郊外、はたまた地方か、金利や住宅価格が上昇しつつある昨今、どこに住むべきか迷う人も多いのではないでしょうか。

私は「万人におすすめできる住環境」はないと考えています。たとえば、独身でキャリアが最優先の人なら、都心の職場の近所が「ベスト」かもしれません。家族

やペットが一緒なら郊外で広い間取りを優先したい人もいますよね。我が家の場合、子供が成人した現時点では、仕事がしやすい住まいがベスト。また、夫婦での外食を楽しむためにも、家から歩いて通える範囲に、小料理屋やバーなどがたくさんあってもよいのかもしれません。

少し前までは「マイホーム＝終《つい》の住処《すみか》」と考える人も多かったものですが、現在は、子供が独立してからの人生が非常に長くなってきました。ライフステージに合わせた住み替えは、ある種当たり前のことになっていくのかもしれません。自分が自分らしくいられる環境、ぜひ追求してみてください。

LIFE

56

快適な空間は家族でつくる

片づいていても、いなくても、みんなで心地良く暮らすために。

近年、断捨離が流行していますね。スッキリした部屋の写真を見ていると、それが家の「正解」であるかのようにも思えてきます。

ただ、家はあなたの「城」。他人の考える基準にあてはめて、物の量を決める必要はありません。物が多くても、少なくても、そして、片づいていても、いなくても。あなたと家族にとって心地良い空間であれば、その状態が「正解」なのです。

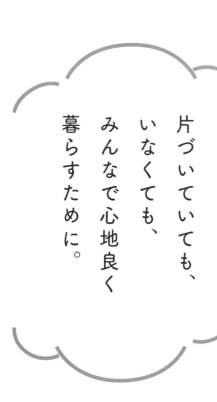

ただし、忙しいと散らかりがちになるのは気になるところ。そんなときは、お互いを責めずに気持ちよくいられるうまい声かけができるといいですよね。

そんなとき、我が家では、「私たち、最近片づけられていないよね」などと言い合って明るく乗り切っています。一緒に暮らしているからこそ、「私たち」を主語にして、一緒によくしていきたいという思いがあるからです。

家族それぞれにも事情があり、いつでもパーフェクトな状態で過ごせるとは限りません。だからこそ、お互いが心地良く過ごすための、思いやりや声かけを忘れずにいたいものです。

LIFE

57

節約のしすぎで喜びをなくさない

貯めるだけでは、もったいない。何に使うかで、人生はつくられていく。

お金に不安があるからといって節約一辺倒の生活では、人生がどんどん味気なくなってしまいますね。「いくら貯めるか」も大事ですが、「どう使うか」もそれと同じくらい大事であることを覚えておきましょう。

もちろん、老後のためにある程度の資金は必要ですが、若い頃のように自由に出歩けなくなってからでは、いくらお金があったとしても、あまり使いどころがありま

せん。たとえば、亡くなったときが預金の最高額というのも、なんだか虚しいように思います。

自分や家族の成長や学びにつながること、そのときそこにしかない経験ができるのであれば、思い切ってお金を使ってみるといいでしょう。その経験を糧に、その先もっと多くの喜びやチャンスにつながっていくかもしれません。それこそ、まさに有効な投資です。

もちろん、お金をかけなくてもできることにはどんどんチャンレンジしてください。どうしても節約せねばならない時期であっても、お金を使わずに豊かな時間を過ごす方法を知っていれば、精神的にも余裕をもって過ごせます。

LIFE

58

初歩だけでもマネーの知識を学ぶ

投資には興味なし。
それでも、
知っておいたほうが
よいこともある。

ウェルビーイングのためには、お金も大事。億万長者になるための投資術は必須でなくても、毎月の収入でやりくりして、将来にも不安がない経済状態を保つための知識は必要です。

経済状況の変化で、老後の資金や預金の目減りを心配する時代になりました。新NISAをはじめ、低リスクな投資、節税や年金など、マネーの知識を身につけておくのも悪くないと思います。

LIFE

59

フリーランスなら お金の話をきちんと

いい仕事をして、見合う報酬をもらう。プロとしての自覚を。

フリーランスで働いている人は、遠慮せずにお金の話をしましょう。意外と苦手な人が多いようです。

重要なのは、自分がプロとして働いているという誇りと自覚を持つこと。「私は価値のある仕事をしている」と自信を持ち、納得できる報酬を受け取ってください。また、たとえやりがい重視であっても、あとに続く人のためには、あまり安すぎる金額で請け負うことは、避けるべきかもしれません。

LIFE

60

身近なアクションで社会とつながる

買い物するだけで、誰かを幸せに。これだと思えるテーマとの出会い。

私たちが日常で身につける服やアクセサリーは、自分自身を表現する手段の一つ。そんなワクワクする選択に、「エシカルな製品」を取り入れることもできます。

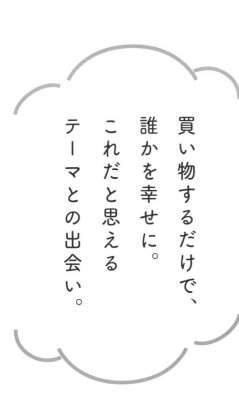

エシカルとは、人や社会、地球環境に配慮した製品のこと。たとえば、私はサステナビリティをコンセプトに掲げるブランドのスマホケースを使っています。

このブランドを選んだ理由は、その取り組みの根底に「愛」が溢

れているから。製品の素材に廃材を使ったり、自社のリユース品を新社会人に寄贈したりといった取り組みを、長年にわたって続けているのです。製品を介して、誰かの幸せと誰かの幸せをつなげ、この世に愛や思いやりを増やすこと。それはまさに、私がウェルビーイングや幸福学を伝えるなかでも重要だと考えていることの一つです。

ブランドの価値観と自分らしさがリンクしたアイテムは、周りの評価や流行に左右されず、長く愛用できるはず。こだわりを持って選んだ一品は、単なるアイテムを超えて、あなたの人生のテーマや姿勢を表してくれるでしょう。

LIFE

61

パートナーとありのまま話し合う

人生は予想外の連続。どんなときも一緒に乗り越えていくために。

一緒にいて幸せなパートナーってどんな人？　多くの人々が気になるポイントですよね。

私のおすすめは「どんなふうに毎日を過ごしたいか」が共通する人。子供の有無や人数、住む場所などは、お互いの意思に関係なく、実現が難しいときもあるでしょう。また、趣味や理想のライフスタイルは変化することもあります。だからこそ、時を経ても変わることのない、人生の基本スタンスを共

有できる人を選んでください。
結婚は、恋愛のように「いいところだけを見せる」付き合い方が難しいもの。長い人生、困難にぶつかったり、思わぬ価値観の違いが露呈したり、冷静になれないときもあります。そんなときでも、お互いに隠し事をせず、オープンなコミュニケーションができるかどうか、敬意を持ち続けられるかどうか、考えてみてください。
一生をともにするということは、一緒にたくさんのライフイベントを共有していくということ。「この人となら、いつも一緒にワクワクする選択ができる」。そう思えれば、もはや人生に怖いものなしです。

LIFE

62

「仕事・家事・育児」完璧を目指さない

体力も時間も有限。「これだけは」と大切なことに絞るのも一つの手。

「仕事や家事・育児、どれも中途半端」と悩む人も多いでしょう。でも、そのくらいで十分。あなたの体力も時間も有限なのです。

海外と比べても、日本の家事の要求レベルは高く、けっして、「やって当たり前」ではありません。たとえば、夕食で何品も手づくりして、心も体も余裕がなくなってしまうなら、レトルトや惣菜、外食に頼ってください。食事が済んだら、子供のお風呂、寝かしつけ、

宿題や持ち物のチェック、それからの家事再開と、やることはまだまだたくさんあるはずです。時短になる家電も活用しましょう。

大事なのは、あなた自身が笑顔でいられるかどうかです。たとえすべて完璧にこなしても、不機嫌になってしまったら、あなたも家族もぜんぜん楽しくないですよね。

フルタイムで働いていたら、家族との時間がとれないことに悩む人も多いでしょう。覚えておいてほしいのは「時間は量よりも質」ということ。たとえ1日に5分でも、30分でも、きちんと相手に向き合った時間があれば、それは漫然と24時間一緒にいることよりも、ずっと記憶に残る瞬間になります。

LIFE

63

忙しいからこそ自分にご褒美

美容で元気に。
プロの仕事で
たちまち
気分が上がる。

身だしなみのケアも、ウェルビーイングには有効です。私が普段気を配っているのは、ネイルとまつげエクステ。綺麗に整えられた爪や、クルンと上がったまつ毛を見ると「頑張ろう」と思えます。

エステやサロンは、スタッフの方とのおしゃべりが、いい気分転換になることも。忙しくて気持ちにゆとりがないときこそ、プロの力を借りて、晴れやかな気分を満喫してください。

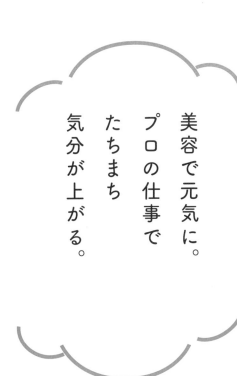

LIFE

64

1カ月に一度、完全フリーな日を

どこに行くかも
なにをするかも
いつ帰るかも
自由な日があっていい。

仕事も育児も家事も、すべてを頑張る私たち。どんなに楽しんでいても、疲れは溜まっていきます。ときには思い切って、お休みしてしまうことをおすすめします。

私は子供がまだ小さいとき、月に一度「完全オフの日」を夫がつくってくれていました。必ず自分のためだけに過ごせる時間があると思うと、普段の生活も張り合いが出てきませんか。家族に頼る力を身につける練習にもなりそうです。

LIFE

65

一時的なキャリアのスローダウンと向き合う

チャンスは
一度きりじゃない。
希望を捨てずに、
納得のいく決断を。

仕事の頑張りが認められて、昇進のタイミング。そんなときに、家庭の事情でチャンスを見送らなければならない。そんな話を打ち明けられたことがあります。

会社にとっての従業員と、子供にとっての親、替えが利かないのは、もちろん親でしょう。あとから「もっと向き合っておけばよかった」と思っても「またのチャンス」はめぐってきません。育児だけでなく、今後は介護でも悩む

人が増えてくるはずです。

せっかくの機会を見送ることは、とても悔しいですし、今後の自分のキャリアがどうなるのか不安にもなるでしょう。でも、あきらめずに細々とでも仕事を続けていれば、必ずまたいつか次のチャンスがめぐってきます。

重要なのは、自分なりに納得感をもって決断すること。「もっと仕事を頑張りたかったのに」とネガティブな思いに支配されては、結局、目の前の家族と向き合えませんよね。そして、たとえ一時期仕事から完全に離れても、そこには未来の自分につながる新たな学びがあるはずです。希望を持って未来に進んでいきましょう。

LIFE

66

職場や家族への感謝を忘れない

今の仕事を続けられるのは、助けてくれる誰かのおかげ。

近年では、子育てや介護、病気の治療など特別な事情を抱えている人でも、仕事との両立がしやすくなってきました。

その一方で、特別な事情のない人が、事情を抱えた人の「穴埋め」のために割を食いがち、という不満もよく耳にします。組織のマネジメントの問題でもあるのですが、もちろん個人でも気をつけるべき点はあります。

何らかの制度を利用したり、他

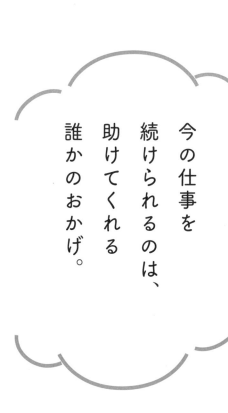

の社員のサポートを受けているなら、ぜひ周囲への感謝のひと言を忘れずに。たとえ助けが不十分だと感じても、何かしら気にかけてくれていることがあるはずです。

そして、ちょっとした気遣いレベルでも、周囲に役立つことがあれば、率先して動いてみましょう。無理のない範囲で、さりげなくお返しできるといいですね。

また、もしあなたがサポートをする立場なら、ぜひ快く引き受けてください。いわば「恩送り」のようなものです。いつかはあなたもサポートをしてもらう立場になるかもしれません。誰もが働きやすい職場をつくっていくことが、ウェルビーイングの秘訣です。

LIFE

67

はたらくお母さんの姿を見て子は育つ

頑張っている
お母さんの姿は、
子供にとって、
最高の社会勉強。

誰もが働くことが当たり前の時代。あなたの子供も大人になれば、男女問わず働くことになるでしょう。

働くお母さんの姿を見て育つことは、仕事とはどういうもので、そのうえで家事や育児はどんなふうにやりくりすればいいのか、そんな人生のベースがつくられるということです。あなたが頑張っている姿は、子供にとって貴重な学びになっていきます。自信を持って、前進していきましょう。

7

DREAM

叶えたい夢を
叶える。

「なんとかなる」の一歩で、きっと夢は叶う

多くの人は、生まれてきてから今まで、いくつもの夢を思い描いてきたことでしょう。比較的簡単に実現できる夢もあれば、誰に話しても「絶対に無理」と言われるだろうと考え、そっと胸にしまい込んでしまった夢もあるはずです。

では、もしもあなたが今、その夢を叶えられないまま人生を終えるとしたら、どんな気持ちになるでしょうか。少しでも「残念！」と感じるのであれば、その夢は、今からでも叶えてみる価値があるのです。

夢はときに、一人の力だけでは実現が難しいもの。どうしても叶えたいなら、誰かにあなたの考えを話してみましょう。「笑われるに決まっている」と思うかもしれませんが、大丈夫。情熱と意志を持っている人には、不思議とサポートが集まるものです。

たとえば、私の知っている70代の女性は、夢を実現させる達人です。最近の彼女の夢はなんと、パリで日本伝統のお祭りを開催すること。

「コネクションもなければお金もないけれど、今年中に開催の目処をつけたい」と笑う彼女に、いつもは「超」がつくほどポジティブな私ですら、当初は困惑を覚えたほどです。

ところがその後、彼女は出会う人出会う人にその夢を伝えていきました。つながりがつながりを生み、最近ではついに自治体の関係者が検討を始めたそうです。

夢が叶うかどうかは、その夢が現実的に実現可能かどうかによって決まるのではありません。そうではなく、夢を叶えたい人が、どれほど情熱を持っているかによって決まるのです。

人が一人で達成できることは、たかが知れています。「できそうになったら誰かに相談しよう」と思っていては、いつまでたっても相談できるときはやってこないかもしれません。

完璧にできていなくても、アイデアの段階でしかなくても、とにかく誰かに話してみてください。一歩を踏み出してみると、人は想像以上に、あなたに優しく接してくれるものです。「なんとかなる」と勇気を出してみることで、あなたの世界は少しずつ、ワクワクする夢で彩られていきます。

DREAM

68

叶えたい夢「100のリスト」をつくる

やってみたい、叶えてみたい、自分の夢をとことん見つめ直してみる。

「最近、ワクワクしていない」「やりたいことが見つからない」。そんな人はぜひ、頭に浮かんだ叶えたいことを100個、リストに書き出してみてください。

「やらないと後悔する」「今すぐでなくてもやってみたい」といった大きなものから、「気になっていたカフェに行ってみる」「1日5分でいいから勉強する」といった身近なものまで、なんでもOKです。

最初のリスト作成は少し時間が

かかるかもしれません。年末年始など、何日か時間をとって作成してみてもいいと思います。

作成後は、達成したらリストから外して、新しくやりたいことを追加していってください。目標を立てて、実行することを何度か繰り返すうち、意識の中に「リストに書いたことは達成できる」という流れが刷り込まれることでしょう。一度その流れができれば、あなたの毎日はきっと、ワクワクを見つけては叶える連続になっていくはずです。

リストをビジュアル化するのもおすすめです。大きめの台紙に写真などを貼り付けて一枚のコラージュにするとインパクト大です。

DREAM

69

「やるべきこと」ではなく「やりたいこと」を書く

こなす予定では、ワクワクしない。自分が心底楽しいと思えることは？

夢を考えるときは「やるべきこと」はいったん脇に置きましょう。夢リストはTODOリストとは違います。あくまで「やりたいこと」に集中してみてください。

ポイントは、その目標について考えているとき、自分がワクワクするかどうか。しんどさと楽しさを天秤にかけたとき、「しんどいけど、同じぐらい楽しめそう」と思えることだけで、夢リストを埋めるようにしましょう。

DREAM
70
実現しないくらい奇想天外でもOK

深い学びや
まさかの出会いを
引き寄せる
大きく壮大な夢を！

叶えたい夢、と聞かれて、つい今の自分にできそうなことを考えてしまう人も多いのではないでしょうか。でも、あなたの気持ちが明るく前向きになるなら、たとえ実現が不可能でも、ぜひ書いておきましょう。「宇宙に住みたい」「不老不死になりたい」といった夢でも大丈夫。夢を持って生きる過程で触れた知識や出会った人と分かち合ったワクワクは、かけがえのない財産になります。

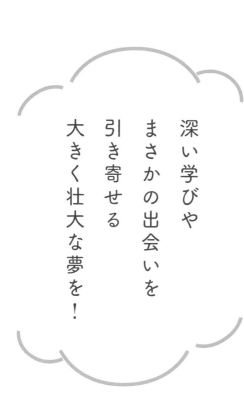

DREAM 71

何も思い浮かばないときは？

気になるテーマやカテゴリを決める。無理に出そうとしなくてもいい。

どうしても夢が思い浮かばないなら、いくつかテーマを決めて考えてみると、思いつきやすくなります。たとえば「仕事」「趣味」「衣食住」「家族」といったカテゴリごとに、それぞれどんな自分でいられると心地良いか考えていってもいいと思います。

一番大事なのは、リラックスして考えてみること。ワクワクする思いで満たされる時間にすることを忘れないでください。

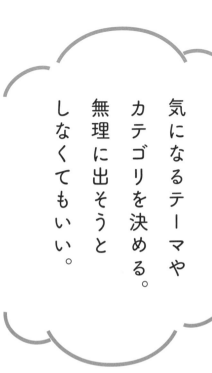

DREAM
72

ずっと達成できないなら変えてもいい

こだわりすぎない。一度手放して、別の夢を追いかけてみるのもアリ。

定期的に夢を確認していると、そのうち「ずっと達成できていない夢」の存在が気になってくることもあるでしょう。なかなか実現しないなら、一度その夢を手放してみてもよいのかもしれません。

今は達成できないだけで、将来的には達成できる夢なのかもしれないですよね。こだわりすぎず、今の自分に合ったワクワクを追いかけるのがウェルビーイングのポイントです。

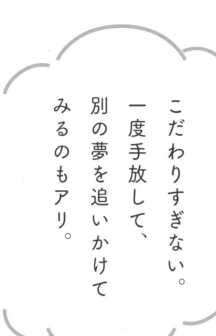

DREAM

73

夢を他の人とシェアする

しまい込まずに、
いろいろな人から
アイデアや発想を
もらってみよう。

夢を見つけたら、誰かに話してみるのもおすすめです。

やりとりをするうちに、自分の夢の核となる大切な価値観が見えてくるかもしれません。また、自分では実現不可能と思っていても、思いも寄らないヒントやアドバイスがもらえて、実現への道が見えてくることもあります。

話す相手は、老若男女、どんな人でもかまいません。むしろ、身内や友人ではない人に打ち明けて

みると意外な発見があります。

私のワークショップでも、みんなで夢をシェアしてもらうと、年齢や性別、業界など、属性がまったく違う人だからこその、思いがけない貴重な視点や気づきを得ている人が多いように思います。

「どうして実現したいの？」「どんなやり方で？」「どこで？」「誰と？」「いつ頃までに？」と話していくうちに、実現できそうな部分から少しずつ具体的なカタチになり、自分も周りもイメージできるようになっていきます。

「私の夢なんて、誰も興味ない」「荒唐無稽で笑われてしまうかも」なんて思わず、ありのままに自分の「好き」を貫いていってください。

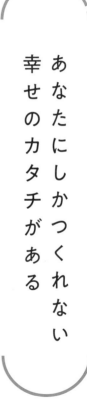

あなたにしかつくれない幸せのカタチがある

最後までお読みいただきありがとうございます。

本書では、仕事やプライベートで、より良い状態（ウェルビーイング）をつくり出していくための行動リストをご紹介しました。

私たちは誰もが、豊かで幸せな人生を送りたいと願っています。しかし現実には、仕事や家庭での役割、人間関係など、さまざまな要因が重なり、ストレスを感じることも多いのではないでしょうか。

私たち一人ひとりが、日々の生活の中で幸せを感じられるようになるためには自分に合ったスタイルで、「幸せの練習」を取り入れていくことが大切です。

こうした小さな実践、「幸せになる練習」を日々重ねていくうちに、少しずつ心も体も「幸せ体質」に変わり、ウェルビーイングな人生がつくられていきます。

もちろん、ここで紹介したのはほんの一例。ぜひ、あなた自身、あなたを幸せにする行動をどんどん見つけて、あなたらしい幸せをつくっていってください。

あなたが、ワクワクすること、心地良いこと、チャレンジしたいことに夢中になって取り組んでいれば、いつの間にか、そこからあなたらしい、あなただけの幸せが、形づくられていきます。

人生は、予想外の連続。思いも寄らない出来事を、どう受け止め、どう行動に移していくかで、「あなたにしかつくれない幸せのカタチ」がつくられていくのです。

かく言う私も、キャリアをいったん離れたあと、たまたま幸福学に出会ったことで、今では起業し、多くのウェルビーイングに関心のある方々と出会い、忙しいながらもワクワクする毎日を送っています。二十歳の頃の私にはまったく想像のつかない人生ですが、私なりの幸せのカタチとして、これからも前進していきたいと思っています。


本書の刊行にあたって、多くの関わってくださった方々に心より感謝申し上げます。ありがとうございます。そして、いつもどんなときも、温かく見守り応援し続けてくれる家族にも心から感謝しています。

あなたが幸せでありますように。
すべての人が幸せでありますように。

お互いを認め合い、応援し合い、ともに幸せな世界をつくっていきましょう。明るい未来をつくるのは私たち自身です！

2024年3月25日

前野マドカ

前野マドカ（まえの・まどか）

EVOL株式会社代表取締役CEO。慶應義塾大学大学院システムデザイン・マネジメント研究科附属システムデザイン・マネジメント研究所研究員。国際ポジティブ心理学協会会員。サンフランシスコ大学、アンダーセンコンサルティング（現アクセンチュア）などを経て現職。

「誰もが幸せに生きる社会を創りたい」という思いで、夫の前野隆司とともに人の幸せに関する研究を続けている。また自身の経験も活かし、女性の働き方や子育てについてのワークショップ、コンサルティングなども行う。

著書に『ウェルビーイング』（日本経済新聞出版）、『幸せなチームが結果を出すウェルビーイング・マネジメント7か条』（日経BP）、『きみだけの幸せって、なんだろう？　10才から考えるウェルビーイング』（WAVE出版）、などがある。

仕事も人生もスーッと整う

幸せになる練習。

2024年4月23日　第1刷発行

著者	前野 マドカ
イラスト	かりた
デザイン	chichols
編集協力	森田 さえ
発行者	徳留 慶太郎
発行所	株式会社すばる舎
	東京都豊島区東池袋3-9-7 東池袋織本ビル　〒170-0013
	TEL 03-3981-8651（代表）　03-3981-0767（営業部）
	FAX 03-3981-8638
	https://www.subarusya.jp/
印刷	ベクトル印刷株式会社

落丁・乱丁本はお取り替えいたします
©Madoka Maeno　2024 Printed in Japan
ISBN978-4-7991-1193-2